AF313819

———

MONNAIES

ANTIQUES, GRECQUES & ROMAINES

Monnaies Françaises

La vente aura lieu au comptant.

Les acquéreurs paieront cinq pour cent en sus des enchères.

L'exposition mettant les acheteurs à même de juger de l'état des pièces, aucune réclamation ne sera admise aussitôt l'adjudication prononcée.

M. Étienne BOURGEY, 19, rue Drouot, se charge, aux conditions habituelles (5 o/o sur la limite), des commissions qui lui seront confiées.

L'ordre du catalogue sera suivi ou non. L'expert se réserve le droit de diviser ou de réunir les lots.

L'authenticité des pièces est absolument garantie. La conservation est très soigneusement indiquée. Aucune indication n'est donnée pour les pièces de conservation ordinaire.

SOUS PRESSE :

Catalogue d'une Collection de Monnaies, Médailles et Jetons, etc., qui seront vendus aux enchères publiques dans le courant du mois d'avril.

MACON, PROTAT-FRÈRES, IMPRIMEURS.

COLLECTION GABRIEL GAVET

MONNAIES ANTIQUES
GRECQUES & ROMAINES

MONNAIES FRANÇAISES

VENTE AUX ENCHÈRES PUBLIQUES

A PARIS, HÔTEL DES COMMISSAIRES-PRISEURS, RUE DROUOT, 9

Salle n° 8, au 1er étage,

Les Lundi 29 et Mardi 30 Mars 1897

A deux heures précises.

Exposition une heure avant la Vente

<table>
<tr><td>COMMISSAIRE-PRISEUR :</td><td></td><td>EXPERT :</td></tr>
<tr><td>Me MAURICE DELESTRE</td><td></td><td>M. ÉTIENNE BOURGEY</td></tr>
<tr><td>*5, rue Saint-Georges*</td><td></td><td>*19, rue Drouot*</td></tr>
</table>

PARIS

COLLECTION GABRIEL GAVET

MONNAIES GRECQUES

1 **Tarentum**. Cavalier au pas, à g. ; devant lui, un homme nu
retient son cheval par la bride ; dans le champ, **API—ΣTI
—II**. ℞. **TAPAΣ**. Taras, à dr., sur le dauphin et tenant
un arc et une flèche ; dessous, un éléphant. Arg. Didrachme.
T.B.

2 Cavalier tenant un bouclier, au galop, à g. ℞. Taras, à g.,
sur le dauphin ; dessous, **ΛY**. Arg. Didr. T.B.

3 Cavalier au pas, à dr., et se retournant à demi. ℞. Taras,
à dr., sur le dauphin et tenant un trident et une corne
d'abondance. Arg. Didr. T.B.

4 Cavalier au pas, couronnant son cheval. ℞. Taras sur le
dauphin, à g., et tenant un trépied. Arg. Didr. T.B.

5 Le même, le cheval est arrêté. Arg. Didr. T.B.

6 Cavalier au galop, à dr., armé de deux javelines et d'un
bouclier et frappant de sa lance ; dessous, **ΔAI**. ℞. Taras,
à g., sur le dauphin et tenant un bouclier et une lance.
Arg. Didr. T.B.

7 **Cappadoce**. *Ariarathes IV*. Arg. Drachme. T.B.

8 **Syrie**. *Seleucus IV*. Arg. Drach. B.

9 *Demetrius Ier Soter*. Arg. Drach. B.

10 **Athènes**. Tête de Miverve, à dr. ℞. **AΘE**. Chouette.
Tétadrachme. Arg. B.

11 **Thrace**. *Lysimaque*. Tête cornue et diadémée de Lysimaque
à dr. ℞. **BAΣIΛEΩΣ ΛYΣIMAXOY**. Pallas casquée,
assise, à g., et tenant une Victoire. Arg. Tétrad. Superbe
pièce.

12 Autre exemplaire aussi beau.

13 **Tyr.** Tête d'Hercule, à dr. ℞. **ΤΥΡΟΥ ΙΕΡΑΣ ΑΣΙΛΟΥ.**
Aigle. Arg. Tétrad. B.

14 **Bithynie.** *Prusias II.* Tête laurée d'Apollon, à g. ℞.
ΒΑΣΙΛΕΩΣ ΠΡΟΥΣΙΟΥ. Victoire casquée, debout, à
g. Æ[8]. T.B.

15 *Nicomèdes II.* Tête diadémée de Nicomèdes II, à dr. ℞.
ΒΑΣΙΛΕΩΣ ΕΠΙΦΑΝΟΥ ΝΙΚΟΜΗΔΟΥ. Jupiter deb.,
à g., tenant une couronne et une haste ; dans le champ,
aigle sur un foudre ; dessous, **ΜΙΣ.** Arg. Tétrad. T.B.

16 **Égypte.** *Alexandre Aegus.* Tête imberbe à dr., coiffée d'une
peau d'éléphant. ℞. **ΑΛΕΑΝΔΡΟΥ.** Pallas combattant, à
dr. ; dans le champ, un aigle, un casque et un monogramme. Arg. Tétrad. Superbe pièce à F.D.C.

17 Lot de six pièces en argent.

MONNAIES ROMAINES

RÉPUBLIQUE [1]

18 **Monnaies romano-campaniennes.** Tête d'Hercule imberbe,
à dr. ℞. ROMANO. La louve allaitant Romulus et Rémus.
Arg. Bab. p. 13, n° 8. T.B.

19 Tête laurée de Janus. ℞. Jupiter dans un quadrige ; dessous,
ROMA en creux. Arg. Bab. p. 21, n° 23. T.B.

20 Tête casquée de Mars barbu ; derrière, LX. ℞. ROMA. Aigle
éployé sur un foudre (soixante sesterces). Or. Bab. p. 25,
n° 29. T.B.

21 **Monnaies consulaires.** *Anonymes de la 1re période.* Tête de
Rome, à dr. ; derrière, x. Les Dioscures au galop ; dessous,
ROMA. Bab. 2. F.D.C.

22 Même type. Quinaire. Bab. 3. T.B.

23 Tête de Rome. ℞. Victoire dans un bige ; dessous, ROMA.
Arg. Bab. 6. F.D.C.

24 Tête de Rome. ℞. Les Dioscures ; au-dessus, un croissant ;
au-dessous, ROMA. Arg. Bab. 20. T.B.

---

1. Les renvois sont faits à E. Babelon, *Description historique des monnaies de la
République romaine.* Paris, 1886, 2 vol. in-8.

25 *Acilia*. Denier. Bab. 8. T.B. — *Æmilia*. Bab. 8. T.B.
Ensemble 2 p.

26 *Afrania*. Tête de Rome, à dr. R⫽. S.AFRA ROMA. Victoire
dans un bige. Arg. 2 p. Bab. 1. F.D.C.

27 *Antestia*. C.ANTES. Tête de R. R⫽. ROMA. Les Dioscures;
au-dessous, un chien. Arg. Bab. 1. F.D.C.

28 *Antia*. RESTIO. Tête d'Antius Restio, à dr. R⫽. C.ANTIVS.C.F.
Hercule nu. Arg. Bab. 1. F.D.C.

29 *Atilia*. Tête de Rome. R⫽. SAR.ROMA. Victoire dans un bige.
Bab. 1. Arg. F.D.C.

30 Tête de Rome. R⫽. M.ATIL et M.ATILI. Arg. 2 p. Bab. 8 et
9. F.D.C.

31 *Aurelia*. COTA. Tête de R. R⫽. M.AVRELI ROMA. Hercule dans
un bige de centaures. Arg. Bab. 16. T.B.

32 Tête de Vulcain. R⫽. L.COT. Aigle. Arg. Bab. 21. T.B.

33 *Cæcilia*. Arg. Bab. 28. T.B.

34 *Cassia*. Bab. 6, 7, 9 et 16. Arg. 4 p. T.B.

35 *Calpurnia*. Bab. 24. Arg. 2 p. T.B.

36 *Claudia*. Tête d'Apollon, à dr. R⫽. Diane Lucifera, debout.
Bab. 15. Arg. F.D.C. — Tête du soleil. R⫽. Croissant et
étoiles. Bab. 17. Arg. B. Ens. 2 p.

37 *Cælia*. Tête de C. Cœlius, à dr. R⫽. Tête radiée du Soleil.
Bab. 4 Arg. T.B.

38 *Considia*. Tête diadémée de Vénus. R⫽. Temple au sommet
d'une montagne entourée d'un rempart au-dessus duquel
se lit, ERVC. Bab. 1. Arg. T.B.

39 *Coponia*. Bab. 1. Arg. B. — *Cordia*. Bab. 1 et 3. 2 p. Arg.
T.B.

40 *Cornelia*. Tête de Rome. R⫽. P.SVLA.ROMA. Victoire dans un
bige. Bab. 1. Arg. F.D.C.

41 Bab. 29, 55 et 63. 3 p. Arg. T.B.

42 *Cossutia*. Bab. 1 Arg. B.

43 *Crepercia*. Buste d'Amphitrite. R⫽. Q.CREPER.M.F.ROCVS.
Neptune dans un bige d'Hippocampes. Arg. Bab. 2 B.

44 *Crepusia*. Bab. 1 Arg. F.D.C. — *Curtia*. Bab. 2 Arg. B.
Ens. 2 p.

45 *Decimia*. Tête de Rome. R⫽. FLAVS.ROMA. Diane dans un
bige. Bab. 1 Arg. F.D.C.

46 *Fonteia*. Bab. 10 Arg. — *Furia*. Bab. 18 et 23. Arg. 3 p.
T.B.

47 *Hosidia*. Bab. 1 arg. T.B. — *Hostilia*. Bab. 4 Arg. T.B. Ens.
2 p.

48 *Julia*. Bab. 3, 4, 10 et 16. Arg. 4 p. T.B.

49 AVGVR PONTIF. Tête de Jupiter Ammon, à dr. R⁄. IMP.
CAESAR.DIVI.F. Victoire tenant une palme et une couronne,
debout sur un globe. Arg. Bab. 141 (120 fr.). A.B.

50 *Junia*. Tête de Rome. R. C.IVNI.C.F.E ROMA. Les Dioscures.
Bab. 1. Arg. 2 p. F.D.C.

51 Tête de Brutus l'ancien. R⁄. Tête d'Ahala. Bab. 30 Arg.
T.B.

52 *Juventia*. Bab. 7. Arg. T.B.

53 *Licinia*. Tête de Vénus, à dr. R⁄. P.CRASSVS.M.F. Chevalier
romain, debout, de face, tenant son cheval par la bride.
Bab. 18. Arg. T.B.

54 FIDES.A.LICINVS. Tête de la Bonne Foi, à dr. R⁄. NERVA.III.
VIR. Cavalier au galop, à dr., traînant un barbare par les
cheveux. Bab. 23. Arg. T.B.

55 *Livineia*. Tête de Regulus. R⁄. Chaise curule entre six
faisceaux. Bab. 10. Arg. F.D.C.

56 *Lollia*. LIBERTATIS. Tête de la Liberté, à dr. R⁄. PALIKANVS.
La tribune aux harangues. Arg. Bab. 2. T.B.

57 *Maiania*. Tête de Rome. R⁄. C.MAIANI.ROMA. Victoire dans
un bige. Bab. 1. Arg. F.D.C.

58 *Manlia*. ROMA. Tête de Rome, à dr., dans un collier gaulois.
R⁄. L.TORQVAT Q.EX.S.C. Bab. 2. Arg. T.B.

59 *Marcia*. Bab. 1. Arg. (2 p.) F.D.C. — Bab. 8 et 24. Arg.
2 p. T.B. Ens. 4 p.

60 *Memmia*. Bab. 9 et 10. T.B. — *Minucia*. Bab. 1 et 19. Arg.
T.B. Ens. 4 p.

61 *Mussidia*. Buste radié du Soleil, de face. R⁄. Deux person-
nages sur un vaisseau. Bab. 7. Arg. T.B.

62 *Naevia*. Bab. 6 arg. T.B.

63 *Pedania*. COSTA LEÇ. Tête de la Liberté. R⁄. BRVTVS.IMP.
Trophée. Bab. 1. Arg. T.B.

64 *Petillia*. Bab. 1. Arg. T.B. — *Petronia*. Bab. 10. Arg. A.B.
Ens. 2 p.

65 *Pinaria*. Tête de Rome. R⁄. NATA.ROMA. Victoire dans un
bige. Bab. 1. Arg. F.D.C. — Même avers. R⁄. NAT.ROMA.
Bab. 2. Arg. F.D.C. Ens. 2 p.

66 *Plaetoria*. Bab. 3, 4 et 5. Arg. 3 p. T.B.

67 *Plautia*. Bab. 14. Arg. F.D.C.

68 *Poblicia*. Bab. 9. Arg. T.B. — *Pompeia*. Bab. 5. Arg. T.B. Ens. 2 p.

69 *Postumia*. Bab. 7, 9 et 10. Arg. T.B. 3 p.

70 *Roscia*. Bab. 1. Arg. T.B. — *Rubria*. Bab. 4. Quinaire. Arg. T.B. 2 p.

71 *Saufeia*. Tête de Rome, à dr. R⁄. L.SAVF ROMA. Victoire dans un bige. Bab. 1. Arg. F.D.C. 2 p.

72 *Scribonia*. Tête de Rome. R⁄. C.SCR.ROMA. Les Dioscures. Bab. 1. Arg. F.D.C.

73 *Sempronia*. PITIO. Tête de Rome. R⁄. L.SEMP.ROMA. Les Dioscures. Bab. 2. Arg. F.D.C. 2 p.

74 *Servilia*. ROMA. Tête de Rome. R⁄. C.SERVEIL. Cavalier perçant de sa lance un autre cavalier. Bab. 5. Arg. T.B. — Bab. 15. Arg. T.B. Ens. 2 p.

75 LEIBERTAS. Tête de la Liberté. R⁄. CAEPIO BRVTVS PRO COS. Lyre, plectum et branche de laurier. Bab. 21. Arg. T.B.

76 *Sestia*. L.SESTI.PROQ. Chaise curule. R⁄. Q.CAEPIO BRVTVS PRO COS. Trépied, simpulum et apex. Bab. 4. Arg. Quinaire. T.B. Rare.

77 *Sicinia*. FORT.P.R. Tête de la Fortune, à dr. R⁄. Q.SICINIVS III VIR. Caducée et palme en sautoir. Bab. 5. Arg. F.D.C.

78 *Terentia*. Tête de Rome. R⁄. C.ER.LVC.ROMA. Les Dioscures. Bab. 10. Arg. F.D.C.

79 *Valeria*. Bab. 11 et 12. Arg. 2 p. T.B. — ACISCVLVS. Tête d'Apollon Soranus, à dr. R⁄. L.VALERIVS. Valérie assise sur une génisse marchant à dr. Bab. 17. Arg. T.B. Ens. 3 p.

80 *Vibia*. Bab. 1 et 16. Arg. 2 p. F.D.C.

81 *Vinicia*. CONCORDIAI. Tête de la Concorde. R⁄. L.VINICI. Victoire volant à dr. Bab. 1. Arg. B.

EMPIRE ROMAIN [1]

Cn. Pompée.

82 CN.PISO.PRO.Q. Tête de Numa Pompilius, à dr. R⁄. MAGN. PRO.COS. Proue de vaisseau. Arg. Coh. 4. T.B.

1. Les renvois sont faits à H. Cohen, *Description historique des monnaies frappées sous l'empire romain*. Paris, 1880-92, 8 vol. in-8.

83 MAG.PIVS.IMP.ITER. Tête de Pompée, à dr. R⁄. PRAEF.CLAS.
ET.ORAE MARIT.EX.S.C. Neptune, le pied sur une proue,
entre les fils de Catane. Coh. 17. Arg. 2 exempl. A.B. et B.

84 NEPTVNI. Tête nue de Pompée, à dr. R⁄. Q.NASIDIV. Galère
à la voile avec des rameurs. Coh. 20. Arg. B.

Domitius Ahenobarbus.

85 AHENOBAR. Tête d'Ahenobarbus, à dr. R⁄. CN.DOMITIVS.
IMP. Proue de vaisseau surmonté d'un trophée. Arg. T.B.

Jules César.

86 COS.TERT.DICT.ITER. Tête de Cérès, à dr. R⁄. AVGVR.PONT.
MAX. Simpule, aspersoir, vase et bâton d'augure. Coh. 4.
Arg. T.B.

87 CAESAR.PARENS.PATRIAE. Tête de César, voilée et laurée, à
dr. R⁄. C.BOSSVTIVS.MARIDIANVS.A.A.A.FF. En quatre
lignes se croisant. Coh. 8. Arg. T.B.

88 Tête de Vénus, à dr. R⁄. CAESAR. Énée portant Anchise.
Coh. 12. Arg. T.B. Tête de la Piété. R⁄. CAESAR. Trophée
Coh. 18. Arg. T.B. Ens. 2 p.

89 CAESAR.IM.P.M. Sa tête laurée, à dr., derrière un croissant.
R⁄. L.AEMILIVS BVCA. Vénus debout, à g., tenant une
victoire et un sceptre. Coh. 22. Arg. T.B.

90 CAESAR.DIC.PERPETVO. R⁄. Le même. Coh. 23. Arg.

91 Tête de César, à dr. R⁄. L.MVSSIDIVS.LONGVS. Gouvernail,
globe, caducée, etc. Coh. 29. Arg. A.B.

92 CAESAR.DIC.PERPETVO. Sa tête laurée, à dr. R⁄. P.SEPVLLIVS.
MACER. Vénus debout tenant une victoire et un sceptre.
Coh. 39. Arg. T.B.

93 S.C. Tête laurée de César, à dr. R⁄. [TI.SEM]PRONIVS GRACCVS
Q.DESIG. Enseigne militaire, aigle, charrue et sceptre
Coh. 47. Arg. T.B.

Jules César et Octave.

94 DIVOS IVLIVS. Tête de J. César, à dr. R⁄. CAESAR DIVI F.
Tête d'Octave. G. Br. Coh. 3.

Sexte Pompée.

95 MAG.[PIVS.I]MP.ITER. Tête de Neptune, à dr. R⁄. [PRAEF.
CLAS.ET.OR]AE.MARIT.EX.S.C. Trophée naval. Arg. Coh.
1 T.B. Mais frappé un peu de côté.

96 Le Phare de Messine. ℞. Le monstre Scylla. Arg. Coh. 2. Le haut de la pièce mal venu.

Lépide et Octave.

97 LEPIDVS.PONT.MAX.III.VIR.R.P.C. Sa tête nue, à dr. ℞. CAESAR IMP.III.VIR.R.P.C. Tête d'Octave, à dr. Coh. 2. Arg. Fr.

Marc-Antoine.

98 ANTON.AVG.IMP.III.COS DES.III.III.V R.P.C. Sa tête, à dr. ℞. M.SILANVS.AVG.Q.PRO.CQS. En deux lignes. Coh. 71. Arg. T.B.

99 M.ANTONIVS.III.VIR.R.P.C. Tête nue, à dr. ℞. P.CLODIVS M.F. Mars nu, debout. Coh. 72. Arg. B. fourrée.

Marc-Antoine et Octave.

100 M.ANT.IMP.AVS.(MP et AU liés) III VIR.R.P.C.M.BARBAT.Q.P. Tête de Marc-Antoine. ℞. CAESAR.IMP.PONT.III.VIR.R.P.C. Tête d'Octave, à dr. Coh. 8. Arg. T.B.

Octavie et Marc-Antoine.

101 M.ANTONIVS.IMP.COS.DESIG.ITER ET TERT. Tête de Marc-Antoine, à dr., le tout dans une couronne de lierre et de raisins. ℞. III.VIR.R.P.C. Tête d'Octavie, à dr. sur la ciste mystique autour de laquelle sont deux serpents entrelacés. Médaillon d'argent frappé en Asie. Coh. 2. T.B.

Lucius-Antoine et Marc-Antoine.

102 L.ANTONIVS.COS. Sa tête nue, à dr. ℞. M.ANT.IMP.AVG. III VIR.R.P.C.M.NERVA PROQ.P. Tête nue de M. Antoine, à dr. Coh. 2. Arg. T.B.

Auguste.

103 AVGVSTVS.DIVI.F. Tête d'Auguste, à dr. ℞. IMP.X. Taureau cornupète, à dr. Coh. 136. Or. T.B.

104 CAESAR.IMP.VII. Sa tête nue, à dr. ℞. ASIA RECEPTA. Victoire sur la ciste mystique. Quinaire d'arg. Coh. 14. B.

105 Tête d'Auguste, à g. ℞. AVGVSTVS. Capricorne, à dr., tenant un globe auquel est attaché un gouvernail, sur son dos une corne d'abondance. Coh. 22. Arg. T.B.

106 CAESAR. Tête d'Auguste, à dr. R⁄. AVGVSTVS. Vache debout, à dr. Coh. 28. Arg. B.

107 CAESAR.III.VIR.R.P.C. Tête nue d'Octave. R⁄. CAESAR. DIC.PER. Chaise curule. Coh. 55. A.B. fourrée.

108 S.P.Q.R.IMP.CAESARI.AVG.COS.XI.TR.POT VI. Sa tête nue, à dr. R⁄. CIVIB.ET.SIGN.MILIT.A PART RECVPER. Arc de triomphe sur lequel se voit Auguste dans un quadrige. Coh. 84. Arg. T.B.

109 CAESAR AGVSTVS.SA. Tête nue, à g. R⁄. DIVVS IVLIVS. Comète. Coh. 97. Arg. T.B.

110 Tête laurée d'Octave, à dr. R⁄. FORT.RED.CAES.AVG.S.P. Q.R. sur un autel. Coh. 184. Arg. T.B.

111 Tête d'Octave, à dr. R⁄. IMP CAESAR. Octave en Terme sur un foudre. Coh. 114. Arg. T.B.

112 Même tête. R⁄. IMP CAESAR. Trophée naval. Coh. 119. Arg. T.B.

113 Même tête. R⁄. IMP.CAESAR. Fronton d'arc de Triomphe surmonté d'un quadrige. Coh. 123. Arg. T.B.

114 AVGVSTVS.DIVI.F. Sa tête, à dr. R⁄. IMP.X. Deux soldats présentant chacun une branche de laurier à Auguste, assis sur une estrade. Coh. 135. Arg. T.B.

115 Même tête. R⁄. IMP.X.SICIL. Diane chasseresse. Coh. 145. Arg. T.B.

116 [AVGVSTVS]DIVI.F. Sa tête laurée, à dr. R⁄. IMP XIIII. Parthe debout, présentant un enfant à Auguste, assis sur une estrade. Coh. 175. Arg. T.B.

117 CAESAR AVGVSTVS. Sa tête, à dr. R⁄. OB.CIVES SERVATOS dans une couronne. Coh. 208. Arg. T.B.

118 Même tête. R⁄. SIGNIS RECEPTIS.S.P.Q. R. Bouclier, aigle romaine et enseigne militaire; sur le bouclier C L.V. Coh. 265. Arg. T.B.

119 CAESAR AVGVSTVS. Tête nue d'Auguste, à g. R⁄. S.P.Q.R. dans le champ; au milieu bouclier sur lequel se lit CL. V. Coh. 292, Arg. T.B.

120 AVGVSTVS. Sa tête nue, à dr. R⁄. Victoire debout sur une proue. Coh. 328. Quinaire d'argent. B.

121 *Monétaires d'Auguste.* CAESAR AVGVSTVS. Sa tête nue, à dr. R⁄. C.ANTISTIVS RESINVS.III.VIR. Simpule, bâton d'Augure, trépied et patère. Coh. 347. Arg. T.B.

122 CAESAR AVGVSTVS TR POT. Sa tête laurée à dr. R⁄. L.MESCI-

NIVS RVFVS III.VIR. Cippe sur laquelle se lit : IMP.CAES AVG LVD SAEC. Coh. 461. Arg. Rare.

123 [CAESAR] AVGVSTVS. Sa tête nue, à dr. R⁄. P.PETR[ON.TVRPI-LIAN] III.VIR. Pégase marchant à dr. Coh. 491. Arg. F. D.C. Mais frappé de côté.

124 Même tête et légende. R⁄. TVRPILIANVS III.VIR. Astre sur croissant. Coh. 495. Arg.

125 DIVI IVLI E. Tête d'Octave, à g. R⁄. TI.SEMPRON.GRACCHVS IIII VIR Q.DESIG. Enseigne, aigle, charrue et sceptre. Coh. 523. Arg. fourrée. A.B.

126 CAESAR AVGVSTVS. Sa tête nue, à dr. R⁄. C.SVLPICIVS PLA-TORIN. Auguste et Agrippa assis sur une estrade. Coh. 529. Arg. fourrée. B.

127 Vinicia. Coh. 541 et 542. Arg. fruste. Ens. 2 p.

128 G. Br. au type de l'autel. Coh. 236.

129 DIVVS AVGVSTVS. Sa tête laurée, à dr. R⁄. IMP.NERVA CAESAR AVGVSTVS REST. Dans le champ S.C. (Restitution de Nerva.) G. Br. Coh. 570. T.B. Patine verte.

130 Livie assise, à g. M. Br. Coh. 93. — s c dans le champ. Coh. 226. M. Br. — PROVIDENT. Autel. M. Br. Coh. 228. — L'autel de Lyon. M. Br. Coh. 237. — s.c. Livie voilée assise, à dr. Coh. 244. M. Br. Ens. 5 p. B.

131 Aigle éployée sur un globe. M. Br. restitué par Titus. Coh. 550. — Gouvernail sur un globe. M. Br. restitué par Nerva. Coh. 568. Ens. 2 p.

Livie.

132 PIETAS. Buste voilé et diadémé de Livie, à dr. R⁄. DRVSVS CAESAR.TI.AVGVSTI F.TR.POT.ITER. Dans le champ. s c. M. Br. Coh. Superbe pièce. Patine vert brun.

Tibère.

133 TI.CAESAR.DIVI.AVG.F.AVGVSTVS. Sa tête laurée, à dr. R⁄. PONTIF MAXIM. Livie assise, à dr. Or. Coh. 15. T.B.

134 Même type. Arg. Coh. 16. T.B.

135 Caducée ailé. M. Br. Coh. 21 et 22. — L'autel de Lyon. M. Br. Coh. 33. Ens. 3 p.

Tibère et Auguste.

136 TI.CAESAR.DIVI.AVG.F.AVGVS[TVS]. Tête laurée de Tibère,

à dr. R⁄. DIVOS AVGVST[DI]VI.F. Tête laurée d'Auguste, à dr.; au-dessus, un astre. Or. Coh. 3. T.B. Mais légèrement frappée de côté.

Drusus.

137 Tête des deux enfants de Drusus sur deux cornes d'abondance; au milieu un caducée ailé. R⁄. DRVSVS CAESAR TI AVG.F.DIVI.AVG.N.PONT.TR.POT II. Dans le champ. S.C. G. Br. Coh. I. B.

Néron Drusus.

138 NERO CLAVDIVS.DRVSVS.GERMANICVS.IMP. Sa tête nue, à dr. R⁄. TI CLAVDIVS.CAESAR AVG P.M.T.R.P IMP. Claude assis, à g., sur une chaise curule. G. Br. Coh. 8. B.

Agrippine.

139 AGRIPPINA.MF.MAT.C.CAESARIS.AVGVSTI. Son buste, à dr. R⁄. S.P.Q.R.MEMORIAE AGRIPPINAE. Cerpentum, à g., attelé de deux mules. G. Br. Coh. I.

Caligula.

140 CAESAR.AVG.GERMANICVS.PON.M.TR.POT. Sa tête laurée, à g. R⁄. ADLOCV COH. Caligula debout, à g., sur une estrade garnie d'une chaise curule harangue cinq soldats dont les quatre qui sont derrière portent des enseignes surmontées d'aigles. G. Br. Coh. I. Très belle pièce.

141 C.CAESAR.AVG.GERMANICVS.PON.M.TR.POT. Sa tête laurée, à g. R⁄. AGRIPPINA DRVSILLA IVLA S C. Les trois sœurs de Caligula debout. G. Br. Coh. 4. B.

Claude I.

142 TI CLAVD.CAESAR.AVG GERM PMTR A. Sa tête laurée à dr. R⁄. CONSTANTIAE AVGVSTI. La Constance assise, à g., sur une chaise curule. Or. Coh. 4. T.B.

143 Même légende, sa tête laurée, à dr. R⁄. EX.S C OB CIVES SERVATOS dans une couronne. Or. Coh. 33. B.

144 TI.CLAVDIVS.CAESAR.AVG.P.M.TR.IMP. Sa tête laurée, à dr. R⁄. EX.S.C.OB CIVES SERVATOS dans une couronne. G. Br. Coh. 39. B. Patine verte.

145 TI.CLAVDIVS.CAESAR.AVG.P.M.TR P.IMP P.P. Sa tête laurée,

à g. R⁄. IMP.T.VESP.AVG.REST.S.C. L'Espérance debout,
à g., tenant une fleur. G. Br. restitué par Titus. Coh.
103. T.B. Patine vert foncé. (Collection Tilliet).

146 Pallas debout. M. Br. Coh. 84. — Pallas combattant *à droite*,
restitution de Titus. M. Br. Variété de Coh. 105. inédit.
— La Liberté debout. M. Br. Coh. 47. — Modius et s c
au revers. P. Br. Coh. 72. T.B. Ens. 4 p.

Britannicus et Néron.

147 Légendes frustes. Buste nu de Britannicus, à dr. R⁄.
ΝΕΡΩΝ ΚΑΙΣΑΡ. Tête nue de Néron. P. Br. Coh. 1.
A.B.

Néron.

148 IMP.NERO CAESAR AVGVSTVS. Sa tête laurée, à dr. R⁄. JUPITER
CVSTOS. Jupiter, assis à g. tenant un foudre et un sceptre.
Or. Coh. 118. T.B.

149 NERO CAESAR.AVG.IMP. Sa tête nue, à dr. R⁄. PONTIF.MAX.
TR.P.VII.COS.IIII.P.P au centre EX.S.C. dans une couronne. Or. Coh. 208. T.B.

150 NERO CLAVDIVS.CAESAR.AVG.GER.P.M.TR.P.IMP.P.P. Sa
tête laurée, à dr. R⁄. DECVRSIO S.C. Néron galopant à dr.
portant une haste et suivi d'un soldat à cheval portant un
étendard. G.Br. Coh. 83. Patine vert foncé. Très belle
pièce.

151 IMP NERO CAESAR.AVG.P.MAX.TR.P.P.P. Sa tête laurée,
à dr. R⁄. ROMA S.C. Rome assise, à g., sur une cuirasse.
G.Br. Coh. 266. B.

152 FERO CLAVD CAESAR AVG GEA P.M TR PP M PPP. Sa tête
laurée, à dr. R⁄. PACE P.R.TERRA MARIQ PARTA IANVM
CLVSIT s c. Temple de Janus fermé avec la porte, à dr.
G. Br. Coh. 146. T.B. Patine verte.

Néron et Claude.

153 [NE]RO CLAVD CAES.DRVSVS [GERM.PRINC.IVVENT]. Buste de
Néron, à g., TI.CLAVD.CAESAR.AVG.GER[M.P.M.TRIB.
POT.P.P.]. Sa tête laurée, à dr. Arg. Coh. 5. A.B.

Interrègne.

154 VESTA.P.R.QVIRITIVM. Buste voilé de Vesta, à dr., devant
une torche. R⁄. I.O.MAX.CAPITOLINVS. Jupiter assis, à
g., dans un temple. Arg. Coh. 368. A.B. fourrée.

Galba.

155 SER.GALBA.IMP.CAES.AVG.T R.P. Sa tête laurée, à dr. R⟆.
LIBERTAS AVGVST.R.XL.S.C. La liberté debout, à g.,
tenant un bonnet et un sceptre. G.Br. Coh. 98. Magnifique pièce provenant de la collection Tilliet.

156 IMP.SER.GALBA.AVG.TR P. Sa tête laurée, à g. R⟆. ROMA.S.C.
Rome assise, à g., sur une cuirasse et tenant un bouclier
et un sceptre. Coh. 187. B. retouché.

157 SER.GALBA.IMP.CAES.AVG.TR.P. Sa tête laurée, à d. R⟆. S.C.
Victoire allant à g. et portant une statuette de Pallas.
G. Br. Coh. 256.

158 LIBERTAS PVBLICA. La liberté tenant un bonnet et un sceptre.
M. Br. Coh. 127. — PAX AVGVSTI. La paix tenant une corne
d'abondance et une branche d'olivier. M. Br. Coh. 152.
2 p. B.

Vitellius.

159 A.VITELLIVS.GERM.IMP.AVG.TR.P. Sa tête laurée, à dr. R⟆.
CONCORDIA P.S. La concorde assise, à g. Or. Coh. 17.
A. B.

160 PONTIF MAXIM. Vesta voilée assise, à dr. Arg. Coh. 72.
T. B.

161 XV.VIR.SACR FAC. Trépied argent. Coh. 111. A. B.

162 A.VITELLIVS.GERMANICVS.IMP.AVG.P.M.TR.P. Son buste
lauré et drapé, à dr. R⟆. VICTORIA AVGVSTI.S.C. Victoire
debout à dr., le pied posé sur un casque, et attachant à
un palmier, un bouclier sur lequel se lit : OB.CIVES SERV.
G. Br. Coh. 105. Magnifique pièce provenant des collec-
tions Billoin et Tillet. Patine vert brun. *Voir la planche,
n° I.*

Vespasien.

163 IMP.CAESAR.VESPASIANVS AVG. Sa tête laurée, à dr. R⟆. COSI-
TER TR POT. Mars marchant à dr., portant une haste et
une aigle romaine. Or. Coh. 86. Superbe pièce à F.D.C.

164 IMP CAESAR VESPASIANVS AVG. TR. P. Sa tête laurée, à dr.
R⟆. COS. 111. PONT RED. La fortune debout, à g., tenant
un globe et un caducée. Or. Coh. 97. B.

165 Caducée ailé. Arg. Coh. 362. F.D.C. — Vespasien assis, à
dr. Arg. Coh. 364. T.B. — Femme à demi nue assise, à g.
Arg. Coh. 366. T.B. — Capricorne. Arg. Coh. 554.
T.B. — 4 p.

166 DIVO.AVG.VESP.S.P.Q.R. Vespasien tenant un sceptre et une victoire assis sur un char traîné par quatre éléphants montés par leurs cornacs. R⫶. IMP.T.CAES.DIVI.VESP.F. AVG.P.M.TR.P.P.P.COS VIII. Dans le champ. S.C. G. Br. légèrement retouché. Coh. 205. T.B.

167 DIVVS AVGVSTVS VESP. Vespasien radié assis, à g., tenant un rameau et un sceptre. R⫶. comme le précédent. G. Br. Coh. 207. T.B. Patine vert brun.

168 Caducée entre deux cornes d'abondance. M. Br. Coh. 377. T.B.

169 IMP.CAESAR.VESPASIAN.COS VIIII. Sa tête laurée, à g. R⫶. VICTORIA AVGVST. S.C. Victoire allant à dr., et tenant une palme et une couronne. M. Br. Coh. 606. T.B.

170 La Félicité Publique. Coh. 151. — Aigle sur un globe. Coh. 480. — TVTELA AVGVSTI. Domitille assise, à g. Coh. 568. Rare. —VICTORIA NAVALIS. Coh. 637. M. Br. 4 p. B.

Julie.

171 IVLIA.AVGVSTA TITI AVGVSTI. Sa tête, à dr. R⫶. VENVS AVGVST. Vénus debout vue de dos. Arg. Coh. 14. Fruste.

172 IVLIA.IMP.T.AVG.F.AVGVSTA. Son buste, à dr. avec le chignon. R⫶. VESTA S.C. Vesta assise, à g. M. Br. Coh. 18. T.B.

Domitien.

173 DOMITIANVS AVGVSTVS. Sa tête laurée, à dr. R⫶. GERMANI-CVS COS XVI. Pallas debout, à g., tenant une haste. Or. Coh. 157. T.B.

174 IMP.CAES.DOMIT AVG GERM.P.TR.P.VIII.CENS PER.P.P. Sa tête laurée, à dr. R⫶. COS XIII.LVD.SAEC.FEC.S.C. Domitien debout sacrifiant sur un autel, à g., un joueur de flûte et un joueur de lire. M. Br. Coh. 85. T.B.

175 IMP.CAES DOMIT AVG GERMA AM.TR PXI. Sa tête, à dr. R⫶. IMP.XIIII.COS.XIII.CENSOR.PERPETVVS.P.P. Dans le champ, S.C. M. Br. Coh. 231. T.B.

176 La Félicité Publique. Coh. 98. — La Fortune debout, à g. Coh. 133. — L'Espérance, à g. Coh. 454. — La Valeur debout, à dr. Coh. 656. M. Br. 4 p. B. et T.B.

Trajan.

177 IMP CAES NERVA TRAIAN AVG GERM. Sa tête laurée, à dr.

R⁄. pont.max.tr.pot.cos ii. La Fortune debout, tenant un gouvernail et une corne d'abondance. Or. Coh. 300. T.B.

178 L'éternité debout, à g. Coh. 4. — L'Espérance marchant à g. Coh. 84. — Trophée. Coh. 98. — Victoire marchant à g. Coh. 282. Arg. 4 p. T.B. et F.D.C.

179 IMP CAES NER TRAIAN OPTIMO AVG GER DAC.PM.TR P COSVI P.P. Sa tête laurée, à dr. R⁄. FORT.RED.S.C.SENATVS.POPV-LVSQVE ROMANVS. La Fortune assise, à g. G. Br. Patine verte. Coh. 158. — Le Tibre écrasant la Dacie. G. Br. Coh. 525. 2 p.

180 S.P.QR.OPTIMO PRINCIPI.S.C. Dace assis, à g., sur un bou-clier, devant lui un trophée. G. Br. Coh. 535. T.B.

181 Trajan de face entre deux trophées. M. Br. Coh. 356. B. — L'Espérance marchant à g. M. Br. Coh. 460. Boucliers, hastes, drapeau et faucilles. Coh. 569. — La Fortune assise, à g. Coh. 595. — Victoire allant à g. Coh. 640. M. Br. 5 p. B. et T.B.

Adrien.

182 IMP CAESAR TRAIAN HADRIANVS AVG. Son buste lauré et drapé, à dr. R⁄. CONCORD (à l'exergue) P.M.TR.P.COS.II. La Concorde assise, à g., tenant une patère. Or. T.B. Inédite.

183 CAESAR TRAIAN HADRIANVS AVG. Sa tête laurée, à dr. R⁄. AVG.P.M TR.P.COS II. Victoire marchant à dr. portant une palme et une couronne quinaire d'argent. Coh. 192. T.B.

184 La Félicité. Coh. 625. L'Éternité. Coh. 1114. Arg. 2 p. T.B.

185 IMP.CAESAR.TRAIANVS HADRIANVS AVG. Son buste lauré, à dr. R⁄. P.M.TR.P.COS.III. Victoire, à g., tenant une couronne et une palme. Quinaire d'arg. Coh. 1129. T.B.

186 HADRIANVS AVGVSTVS. Sa tête laurée, à dr. R⁄. FELICITATI AVG COS.III.P.P. Vaisseau avec des rameurs et un pilote. G. Br. Coh. 657. T.B.

187 IMP CAESAR TRAIANVS HADRIANVS AVG. Son buste lauré, à dr. R⁄. LIBERALITAS AVS.S.C. ; à l'exergue. PONT MAX TR.POT. COS II. Adrien assis, à g., sur une une estrade ; devant lui, un homme en toge assis, faisant une distribution à un homme qui monte les degrés de l'estrade, sur le

second plan ; la Libéralité debout tenant une tessère. G. Br. Coh. 914. B.

188 Pallas debout, à dr., lançant un javelot. M. Br. Patine verte. Coh. 298. B.

189 HADRIANVS.AVG.COS III PP. Son buste (non lauré), à dr. R⁄. DACIA. Dace assis, à g., variété inédite de Coh. 529. M. Br. B.

190 PONT.MAX TR POT COS II. S C. Aigle légionnaire et enseignes militaires. M. Br. Coh. 1182 T.B. Belle patine verte. — SALVS PVBLICA. M. Br. Coh. 1358. B. 2 p.

Sabine.

191 SABINA AVGVSTA HADRIANI AVG.P.P. Son buste diadémé, à dr., avec la coiffure relevée. R⁄. CONCOR [DIA] AVG. La Concorde debout, à g., tenant une patère et une double corne d'abondance. G. Br. Coh. 7. T.B.

192 Même buste. R⁄. S.C. Vesta assise, à g., G.Br. Coh. 65. B.

Antonin le Pieux.

193 ANTONINVS AVG PIVS P.P. Sa tête laurée, à dr. R⁄. TR.POT COS 114. Rome assise, à g., tenant le palladium et une haste. Or. Coh. 934. T.B.

194 ANTONINVS AVG PIVS P.P. Sa tête laurée, à dr. R⁄. TR POT XIX COS IIII. Victoire, à g., tenant une couronne et une palme. Or. Coh. 993. T.B.

195 TEMPL DIVI.AVG.REST COS III. Temple. Arg. Coh. 801. T.B. — CONSECRATIO. Aigle. Coh. 154. T.B. — La santé. Coh. 281 et 283. — Arg. 4 p. T.B.

196 DIVO PIO. Autel. Coh. 358. — La Félicité. Coh. 361. — La Paix. Coh. 851. Arg. 3 p. T.B.

197 ANTONINVS AVG PIVS P P COS III. Sa tête laurée, à dr. R⁄. VICTORIA AVG. Victoire, à dr., dans un quadrige. Flan de médaillon. Manque dans Coh. B.

198 BONO EVENTI. Génie debout. Coh. 106. — BRITANNIA.COS IIII. La Bretagne assise, à g., sur un rocher. Coh. 117. M. Br. B. et T.B. 2 p.

199 La Félicité debout, à g., C. 367. M.Br. B. — LIBERALITAS IIII. Antonin assis, à g., sur une estrade, devant lui la Libéralité, en bas de l'Estrade un homme debout tendant les mains. Coh. 500. M. Br. T.B. 2 p.

Faustine mère.

200 AETERNITAS. Coh. 26. Arg. T.B.

201 AETERNITAS. L'éternité debout tenant un globe et relevant son voile. Coh. 32. Arg. F.D.C.

202 Faustine voilée, à dr. R⁄. AETERNITAS étoile. Coh. 63. Arg. B. rare.

203 Junon debout. Coh. 73. Arg. T.B. — Cérès debout. Coh. 84. Arg. T.B. 2 p.

204 DIVA FAUSTINA son buste diadémé, à dr. R⁄. AETERNITAS S. C. L'Éternité debout, à g., tenant un sphinx nimbé et relevant sa robe. G. Br. Coh. 12. T.B.

205 VESTA.S.C. Vesta debout tenant le palladium et un sceptre. M. Br. (Inédit comme M. Br.)

Marc-Aurèle.

206 AURELIVS CAESAR AVG PII FIL. Son buste, à dr. R⁄. TR POT VIIII COS.II. Rome en habit militaire debout, à g., tenant une victoire et un parazonium. Or. Coh. 680. T.B.

207 La Clémence debout. Coh. 15. — La Paix debout. Coh. 437. — L'Abondance. Coh. 484 et 485. Arg. 4 p. T.B. et F.D.C.

208 La Providence. Coh. 507 et 628. — Le Génie de l'Armée Coh. 661. Variétés. 3 p. F.D.C.

209 M.ANTONINVS AVG.TR.P XXVII. Son buste lauré, à dr. R⁄. RELIG.AVG; à l'exergue. IMP.VI.COS.IV.S.C. Mercure dans un temple dont les quatre colonnes sont formées par des termes. G. Br. Coh. 534. T.B.

210 Mars nu, le manteau flottant, marchant à dr. et portant une haste et un trophée. G. Br. retouché. Coh. 755. T.B.

211 M.AVREL.ANTONINVS.AVG.ARMENIACVS.P.M. Sa tête laurée, à dr. R⁄. VICT.AVG.TR.P.XXIII IMP II COS III S.C. Victoire tenant un trophée, à ses pieds l'Arménie. G. Br. Coh. 984. T.B.

Faustine jeune.

212 IVNONI REGINAE. La Fécondité debout. Coh. 99. — Même légende. Junon debout. Coh. 139. — La joie. Coh. 148. 3 p. Arg. T.B. et F.D.C.

213 SAECULI FELICIT. Trône. Coh. 190. — VENVS. Vénus debout, à g. Coh. 249. 2 p. Arg. T.B. et F.D.C.

214 DIVA.FAVSTINA.PIA. Son buste voilé, à dr. R⁄. AETERNITAS s.c. Faustine assise dans un char traîné par deux éléphants marchant à g., et montés chacun par un cornac. G. Br. Coh. 40. Rare.

215 Même légende. Son buste, à dr. R⁄. CONSECRATIO s.c. Faustine voilée, tenant un sceptre et enlevée par un paon qui vole, à dr. G. Br. Coh. 69. T.B.

216 Le même. G. Br. B.

217 FAVSTINAE.AVG.PII.AVG s. Son buste diadémé, à dr. R⁄. PVDICITIA.s.c. La Pudeur debout, à g., s'enveloppant de son voile. G. Br. Coh. 180. T.B.

218 HILARITAS. L'Allégresse debout. Coh. 115. — IVNO. Junon debout. Arg. Coh. 123. — VENERI.VICTRICI.s.c. Vénus à demi nue cherchant à retenir Mars, nu, debout, à g. Coh. 241. 3 p. M. Br.

Lucius Vérus.

219 L.VERVS.AVC.ARMENIACVS. Son buste lauré et cuirassé, à dr. R⁄. REX ARMENIIS DATVS.IMP.II.TR.P.IIII.COS.II. Vérus, à g., assis sur une estrade; derrière lui, le préfet du Prétoire debout; devant un soldat au pied de l'estrade le roi Soème. Or. Coh. 165. T.B.

221 La Providence debout. Coh. 152 et 156. — Rome en habit militaire debout. Coh. 270. — L'Équité debout, à g. Coh. 297. Ens. 4 p. Arg. T.B.

222 CONCORD.AVGVSTOR.TR.P.II.COS.II.SC.Lucius Vérus et Marc-Aurèle debout, se donnant la main. G. Br. Coh. 36. — Même type. M. Br. Coh. 52. Ens. 2 p.

Lucille.

223 LVCILLAE.AVG.ANTONINI.AVG.F. Son buste drapé, à dr. R⁄. VOTA PVBLICA en trois lignes dans une couronne. Or. Coh. 97. T.B.

224 CONCORDIA. La Concorde assise, à g. Arg. Var. de Coh. 6. T.B.

225 LVCILLAE AVG ANTONINI AVC F. Son buste, à dr. R⁄. HILARITAS s.c. L'Allégresse debout, à g. tenant une palme et une corne d'abondance. G. Br. Coh. 29. B. patine noire. PVDICITIA. La Pudeur assise, à g. M. Br. Coh. 64. B. patine verte.

Commode.

226 L.AVREL COMMODVS AVG. Son buste jeune lauré, drapé et cuirassé, à dr. R⁄. TR.P.III.IMP II COS P.P. Castor debout, à g., devant son cheval qu'il tient par la bride et portant une haste de la main gauche. Or. Coh. 760. T.B. *Voir la planche, n° 2.*

227 Mars debout. Arg. Coh. 427. — La paix debout. Arg. Coh. 571. Ens. 2 p. T.B.

228 Jupiter nu, déployant son manteau sur Commode. G. Br. Coh. 273.

229 Les trois monnaies debout, à g., tenant chacune une balance et une corne d'abondance. G. Br. Coh. 375. B.

230 Commode voilé, conduisant deux bœufs, à dr. M. Br. Coh. 40.

231 Hercule sacrifiant sur un autel allumé. M. Br. Coh. 178. — La Providence debout, à g. M. Br. Coh. 628. — Victoire allant à g. M. Br. Coh. 765. Ens. 3 p. B.

Crispine.

232 La Concorde debout, à g. Arg. Coh. 5 B. — SALVS. La Santé assise, à g. nourrissant un serpent. G. Br. Coh. 33. — IVNA LVCINA. Junon debout, à g. M. Br. Coh. 24. Ens. 3 p.

Pertinax.

233 IMP CAES P HELV PERTIN AVG. Sa tête laurée, à dr. R⁄. PROVID DEOR.COS.II. La Providence debout, à g., levant les bras vers un globe radié. Or. Coh. 39. Très belle pièce. *Voir la planche, n° 3.*

Dide Julien.

234 IMP CAES M.DID IVLIAN.AVG. Sa tête radiée, à dr. R⁄. [PM.TR] P.COS.S C. La fortune debout, à g., tenant un gouvernail et une corne d'abondance. M. Br. Coh. 13. B.

Albin.

235 IMP.CAES.D.CLO.SEP.ALB.ANG. Sa tête laurée, à dr. R⁄. [FIDES L.]EÇION COS.II. Mains jointes tenant une aigle légionnaire. Arg. Coh. 22. T.B.

236 ROMAE AETERNAE. Rome assise, à g. Arg. Coh. 61. Fruste. — La Félicité debout. M. Br. Coh. 17. — La Fortune assise, à g. M. Br. Coh. 34. B. Ens. 3 p.

Septime Sévère.

237 Génie debout, à g. Coh. 464. — Jupiter nu, à g. Coh. 469. — Victoire debout. Coh. 489. — Sévère sacrifiant sur un trépied allumé. Coh. 781. Ens. 4 p. Arg. F.D.C.

238 Mars nu, debout, à dr. G. Br. Coh. 401. — Victoire dans un bige, à dr. M. Br. Coh. 714. Ens. 2 p.

Julia Domna.

239 LVNA LVCIFERA. Diane dans un bige, à g. Arg. Coh. 104. — La piété debout, à g. Arg. Coh. 150 et 156. — Ens. 3 p. F.D.C.

240 IVLIA AVGVSTA. Son buste, à dr. R⁄. MATRI CASTRORVM S.C. Julie voilée, debout, à g., auprès d'un autel allumé, tenant une patère et une boîte à parfum en face d'elle, trois enseignes militaires. G. Br. Coh. 135. T.B. Patine noire.

Caracalla.

241 Mars marchant à g. Coh. 150. — Apollon nu, tenant une branche de laurier et une lyre. Coh. 282. Arg. 2 p. T.B.

242 Jupiter nu tenant un foudre et une haste. Double denier. Coh. 279. — Le Soleil radié debout, double denier. Coh. 287. — Sérapis debout. Coh. 382. Arg. 3 p. T.B.

243 PROFECTIO AVG. Caracalla tenant une haste, derrière deux enseignes. Coh. 508. — La Sécurité assise, à dr. Coh. 571. — Vénus debout, double denier. Coh. 608. Ens. 3 p. Arg. T.B.

244 M. AVREL ANTONINVS PIVS AVG BRIT. Son buste lauré, à dr. R⁄. P. MTR P XV COS III P P. Mars debout, à g., tenant une victoire et une haste ; à ses pieds un captif. G. Br. Coh. 198. B.

245 M. AVREL ANTONINVS PIVS AVG. Son buste lauré, à dr. R⁄. PONTIF TRPXIII COSIII. S.C. Caracalla et Geta debout en

regard, sacrifiant sur un autel allumé ; derrière l'autel Sévère voilé debout de face. G. Br. Coh. 489. B.

246 Lion radié marchant à dr. M. Br. Coh. 404.

Plautille.

247 PLAVTILLAE AVGVSTAE. Son buste, à dr. R⁄. PROPAGO IMPERI. Plautille et Caracalla se donnant la main. Coh. 21. B.

248 VENVS VICTRIX. Vénus debout. Arg. Coh. 21. B.

Géta.

249 La Fortune assise, à g. Arg. Coh. 51. F.D.C.

250 La Liberté debout, à g. Arg. Coh. 68. F.D.C.

251 PONTIF.COS.II. Génie nu, debout près d'un autel. Arg. Coh. 114. T.B.

252 P.SEPTIMIVS GETA PIVS AVG BRIT. Sa tête laurée, à dr. R⁄. TR.P.III.COS.II.P.P.S.C. La Félicité assise, à g., tenant un sceptre et une corne d'abondance, d'un côté un fleuve couché tenant un roseau, de l'autre un génie. G. Br. Coh. 199. T.B.

253 Mars debout, à g., couronnant un trophée. M. Br. Coh. 134. B.

Macrin.

254 IMP.C.M.OPEL.SEV MACRINVS AVG. Son buste lauré, à dr. R⁄. AEQVITAS AVG. L'Équité debout, à g., tenant une balance et une corne d'abondance. Arg. Coh. 2 F.D.C.

255 ANNONA AVG. L'Abondance assise, à g. Arg. Coh. 8. A.B.

256 FIDES MILITVM. La Fidélité debout, tenant deux enseignes. Arg. Coh. 21. T.B.

257 IMP.CAES M OPEL MACRINVS AVG. Son buste lauré et cuirassé, à dr. R⁄. PONTIF.MRX T.R.P.P.P. La Félicité debout, à g., tenant un caducée et une corne d'abondance. G. Br. Coh. 80. T.B. Patine verte.

Diaduménien.

258 M.OPEL ANT DIADVMENIAN CAES. Son buste drapé, à dr. R⁄. PRINCIP IVVENTVTIS. Diaduménien debout, de face, tenant une enseigne militaire et un sceptre, à dr., deux autres enseignes. Arg. Coh. 3. F.D.C.

Élagabale.

259 Le Soleil marchant à g. Coh. 19. — La Joie debout. Coh. 70. — Mars nu marchant à dr. Coh. 109. Ens. 3 p. Arg. T.B.

260 Rome assise, à g. Coh. 142. T.B. La Santé debout nourrissant un serpent. Double denier. Coh. 254. F.D.C. La Félicité debout. Arg. Coh. 282. T.B. Ens. 3 p.

261 Victoire courant à dr., tenant une couronne et une palme. Double denier. Arg. Coh. 291. F.D.C.

262 IMP CAES M.AVR ANTONINVS PIVS AVG. Son buste lauré, à dr. R⳨. P.M.TR P III COS III PP S.C. Le Soleil radié à demi nu, marchant à g., levant la main droite et tenant un fouet. G. Br. Coh. 186. T.B. Patine verte.

Julia Paula.

263 IVLIA PAVLA AVG. Son buste, à dr. R⳨. CONCORDIA. La Concorde assise, à g. Arg. Coh. 6. F.D.C.

264 VENVS GENETRIX. Vénus assise, à g. Arg. Coh. 21. T.B.

Alexandre Sévère.

265 IMP.C.M.AVR.SEV ALEXAND.AVG. Son buste lauré, à dr. R⳨. MARTI PACIFERO. Mars debout, à g., tenant une branche d'olivier et une haste. Or. Coh. 172. T.B. *Voir la planche, n° 8.*

266 Jupiter nu, marchant à g., tenant un foudre et un aigle. Arg. Coh. 83. F.D.C. — MARS VLTOR. Mars marchant à dr. Arg. Coh. 161. F.D.C. — Le Soleil radié debout, à g. Arg. Coh. 434. F.D.C. Ens. 3 p.

267 La Prévoyance debout tenant des épis et une corne d'abondance. Arg. Coh. 508. F.D.C. — SPES PVBLICA. L'Espérance. Arg. Coh. 543. F.D.C. Ens. 2 p.

268 Le Soleil debout, à g. G. Br. Coh. 441. T.B. Patine verte.

269 P.M.TR.P.VIII.COS.III.P.P. S.C. Alexandre dans un quadrige au pas, à dr. G. Br. Coh. 377. — L'Espérance marchant à g. M. Br. Coh. 551. B. 2 p.

Orbiane.

270 SALL BARBIA ORBIANA AVG. Son buste diadémé, à dr. R⳨. CONCORDIA AVGG. La Concorde assise, à g. Arg. Coh. 1. B.

271 Mêmes type et légende. ℞. CONCORDIA AVGVSTORVM.S.C.
Alexandre et Orbiane debout, se donnant la main. G.Br.
Coh. 6. La Concorde assise, à g. M. Br. Coh. 5. 2 p.

Julia Mamea.

272 FELICITAS PVBLICA. La Félicité debout, à g. Coh. 17. F.D.C.
273 Junon conservatrice. Arg. Coh. 35. — Vesta debout. Arg.
Coh. 81. T.B. 2 p.

Maximin I.

274 La Fidélité militaire. Coh. 7. — La Paix debout. Coh. 31.
— Maximin debout entre deux enseignes. Coh. 46. Arg.
F.D.C. 3 p.
275 La Providence debout. Coh. 77. — La Santé assise, à g.
Coh. 85. — Victoire allant à dr. Coh. 99. Arg. 3 p.
F.D.C.

Pauline.

276 DIVA.PAVLINA. Son buste voilé, à dr. ℞. CONSECRATIO.
Pauline, tenant un sceptre, assise, à g., sur un paon qui
l'enlève au ciel. Arg. Coh. 2. F.D.C. *Voir la planche, n° 4.*
277 CONSECRATIO.S.C. Même type. G. Br. Coh. 3. T.B.
278 Même type et légende. G. Br. Autre exemplaire.

Maxime.

279 MAXIMVS.CAES.GERM. Son buste drapé, à dr. ℞. PRINC
IVVENTVTIS. Maxime debout; derrière lui, deux enseignes.
Arg. Coh. 10. F.D.C. PIETAS AVG.
280 IVL.VERVS MAXIMVS CAES. Son buste drapé, à dr. ℞. PIETAS
AVG. Instruments de sacrifice. Arg. Coh. 1. F.D.C.
281 MAXIMVS CAES GERM. Son buste nu, à dr. ℞. PRINCIPI IVVEN-
TVTIS S.C. Maxime debout, tenant une haste ; derrière lui,
deux enseignes. G. Br. Coh. 14. T.B. Patine verte.
282 Mêmes type et légende. M. Br. Coh. 13. B.

Gordien d'Afrique, fils.

283 IMP CAES.M.ANT GORDIANVS AFR AVG. Son buste lauré et
drapé, à dr. ℞. ROMAE AETERNAE.S.C. Rome nicéphore
assise, à g. G. Br. Coh. 9. B.

Balbin.

284 IMP CAES D.CAEL BALBINVS.AVG. Son buste radié et drapé, à dr. ℞. FIDES MVTVA AVGG. Deux mains jointes. Arg. Coh. 6. F.D.C.

285 Même type. ℞. PIETAS.MVTVA AVGG. Deux mains jointes. Arg. Coh. 17. F.D.C.

286 Son buste lauré, à dr. ℞. VICTORIA AVGG.S.C. Victoire debout, à g., tenant une couronne et une palme. G. Br. Coh. 29. B.

Pupien.

287 IMP CAES M.CLOD.PVPIENVS AVG. Son buste radié, à dr. ℞. AMOR MVTVVS.AVG. Deux mains jointes. Arg. Coh. 1. T.B.

288 IMP.CAES PVPIEN MAXIMVS AVG. Son buste radié, à dr. ℞. CARITAS MVTVA AVG. Deux mains jointes. Arg. Coh. 3. F.D.C.

289 Même buste et légende. ℞. PATRES SENATVS. Mains jointes. Arg. Coh. 19. B.

290 IMP.CAES.M.CLOD PVPIENVS AVG. Son buste lauré, à dr. ℞. LIBERALITAS AVGVSTORVM. La Libéralité debout, à g., tenant une tessère et une corne d'abondance. G. Br. Coh. 15. B. Patine verte.

291 IMP CAES M CLOD PVPIENVS AVG. Son buste lauré, à dr. ℞. P.M.TR P COS II PP. S.C. Pupien debout, à g., tenant un rameau et un sceptre. G. Br. Cohen. 30. T.B.

Gordien le Pieux, César.

292 M.ANT GORDIANVS CAES. Son buste drapé, à dr. ℞. PIETAS. AVGG. Bâton d'augure, couteau patère, vase simpule et aspersoir. Arg. Coh. 182. F.D.C.

293 Mêmes type et légende. G. Br. Coh. 183.

Gordien le Pieux, empereur.

294 IMP GORDIANVS PIVS VEL AVG. Son buste lauré, à dr. ℞. PIETAS AVGVSTI. La Piété voilée debout, à g., levant les deux mains. Or. Coh. 185. T.B. *Voir la planche, n° 5.*

295 PONTIFEX.MAX.TR.P III COS P.P. S.C. Gordien debout, à dr., suivi d'un soldat recevant un globe des mains de Rome. M. Br. Coh. 286. A.B. Rare.

296 PONTIFEX.MAX.TR.P.IIII.COS.P.P.S.C. Gordien dans un quadrige, à dr., couronné par la Victoire; un soldat tient un des chevaux par la bride. M. Br. Coh. 290. A.B. Rare.

Philippe père.

297 IMP.PHILIPPVS AVG. Son buste radié, à dr. R⁄. FELICITA IMPP en trois lignes dans une couronne. Arg. Coh. 39. F.D.C.

298 Cippe. Coh. 193. — SAECVLVM NOVVM. Temple. Coh. 198. — VIRTVS AVGG. Philippe et son fils galopant à dr. Coh. 241. 3 p. Arg. T.B.

299 SAECVLVM NOVVM.S.C. Temple. G. Br. Coh. 202. B.

Otacilie.

300 Junon conservatrice debout. Coh. 20. — La Piété debout. Coh. 42. — La Pudeur assise, à g. Coh. 53. Arg. 3 p. T.B.

301 MARCIA OTACIL SEVERA AVG. Son buste diadémé, à dr. R⁄. SAECVLARES AVG.S.C. Hippopotame, à dr. G. Br. Coh. 65. T.B. Patine verte.

302 La Concorde assise, à g. G. Br. Coh. 10. — Même type. M. Br. Coh. 6. B. 2 p.

Philippe fils.

303 M.IVL PHILIPPVS CAES. Son buste nu et drapé, à dr. R⁄. PRINCIPI IVVENT. Philippe en habit militaire debout, à g., tenant un globe et une haste. Or. Coh. 46 (600 fr.). Très belle pièce. *Voir la planche, nᵒ 6.*

304 PRINCIPI.IVVENTVTIS.S C. Philippe debout, à g., tenant une enseigne et une haste. G. Br. Coh. 62. — Même type. M. Br. Coh. 50. T.B. 2 p.

Trajan Dèce.

305 IMP.C.M.Q.TRAIANVS DECIVS AVG. Sa tête laurée, à dr. R⁄. ABVNDANTIA AVG. L'Abondance debout, à dr., vidant sa corne. Or. Coh. 1. T.B.

306 IMP.C.M.Q.TRAIANVS.DECIVS.AVG. Buste cuirassé et radié, à dr. R⁄. FELICITAS SAECVLI.S.C. La Félicité debout, à g., tenant un caducée et une corne d'abondance. Médaillon de bronze. Coh. 39. Superbe pièce. Patine brun clair.

307 GENIVS EXERCITVS ILLYRICIANI.S.C. Génie à demi nu debout,
à g. G. Br. Coh. 67. B.

308 DACIA. La Dacie debout, à g., tenant une enseigne. M. Br.
Coh. 23. T.B.

Étruscille.

309 La Pudeur assise, à g. Coh. 19. Arg. T.B.

310 Même type avec s.c. G. Br. Coh. 22. B. — Même type;
croissant sous le buste. M. Br. Coh. 24. B. 2 p.

Hostilien.

311 MARTI PROPVGNATORI. Mars marchant à dr., tenant une haste
et un bouclier. Arg. Coh. 15. T.B.

312 PRINCIPI IVVENTVTIS. Hostilien debout, à g., tenant une
enseigne et une haste. Arg. Coh. 34. T.B.

313 PRINCIPI.IVVENTVTIS. Apollon à demi nu, assis, à g., tenant
une branche de laurier, et accoudé à sa lyre. M. Br. Coh.
32. B.

Émilien.

314 IOVI CONSERVAT. Jupiter debout, à g., protégeant Émilien.
Arg. Coh. 16. T.B.

315 MARTI PROPVGT. Mars debout, à 5. Arg. Coh. 25. T.B.

Valérien père.

316 IMP.C.P.LIC.VALERIANVS P.F.AVG. Son buste lauré, à dr.
R/. IOVI CONSERVAT. Jupiter nu, debout, à g., tenant un
foudre et un sceptre. Or. Coh. 82 (350 fr.). Très belle
pièce. *Voir la planche, n° 7.*

Mariniane.

317 DIVAE MARINIANE. Son buste voilé, à dr., sur un croissant.
R/. CONSECRATIO. Paon, de face, faisant la roue. Bill.
Coh. 2. T.B.

318 Mêmes légende et buste. R/. CONSECRATIO. Paon enlevant
Mariniane au ciel. Bill. Coh. 16. F.D.C.

319 Son buste voilé, à dr. R/. CONSECRATIO.S.C. Paon, de face,
faisant la roue. M. Br. Coh. 10. B.

Gallien.

320 La Concorde debout. Coh. 136. — Jupiter sur un cippe. Coh. 397. 2 p. Bill. F.D.C.

321 IMP.P.C.LIC.GALLIENVS AVG. Son buste lauré et drapé, à dr. R⁄. CONCORDIA AVG.S.C. Deux mains jointes. G. Br. Coh. 126. T.B.

322 La Libéralité debout. G. Br. Coh. 574. B.

Postume.

323 IMP.C.M.CASS LAT POSTVMVS P.F.AVG. Son buste radié, à dr. R⁄. FIDES MILITVM S.C. La Foi debout, tenant deux enseignes. G. Br. Coh. 74. T.B.

324 Même type. R⁄. LAETITIA S C. Vaisseau avec quatre rameurs et un pilote. G. Br. Coh. 177. T.B.

Lélien.

325 IMP.C.LAELIANVS. Son buste radié, à dr. R⁄. VICTORIA AVG. Victoire marchant à dr. Coh. 4. Bill.

Marius.

326 IMP.C.MARIVS P.F.AVG. Son buste radié, à dr. R⁄. CONCORD. MILIT. Deux mains jointes. P. Br. Coh. 5. T.B.

327 Même type. R⁄. VICTORIA AVG. Allant à g. P. B. Coh. 17. T.B.

Aurélien.

328 Séverine donnant la main à Aurélien ; entre eux la tête du Soleil. M. Br. Coh. 35.

Aurélien et Séverine.

329 IMP AVRELIANVS AVG. Buste radié et cuirassé d'Aurélien, à dr. R⁄. SEVERINA AVG. Buste diadémé de Séverine, à dr., avec le croissant. G. Br. Coh. 1. T.B.

Séverine.

330 SEVERINA AVG. Buste diadémé, à dr. R⁄. IVNO REGINA.S.C. Junon debout ; à ses pieds, un paon. M. Br. Coh. 9. T.B.

Aurélien et Vabalathe.

331 IMP AVRELIANVS AVG. Son buste radié, à dr. ℞. VABALATHVS VCRIMOR. Son buste lauré et drapé, à dr. P. Br. Coh. 1. T.B.

Dioclétien.

332 DIOCLETIANVS AVG. Sa tête laurée, à dr. ℞. VIRTVS MILITVM. Quatre soldats sacrifiant à la porte d'un camp. Arg. Coh. 516. T.B.

333 IOVI CONSERVAT AVGG. Jupiter deb. Quinaire de bronze. Coh. 243. T.B.

334 IMP.DIOCLETIANVS AVG. Son buste casqué, à g. Coh. 89. — PROVIDENTIA DEORVM.AVIES AVG. Deux femmes debout. Coh. 404. — PROVIDENTIA DEORVM. Coh. 415. — Son buste lauré, à dr., avec le manteau impérial. Coh. 424. Ens. 4 M. Br. T.B.

335 Le génie du Peuple romain. M. Br. 4 p. T.B.

Constance Chlore.

336 Le génie du peuple romain. M. Br. Coh. 104. F.D.C. — Son buste casqué, à g. Coh. 121. T.B. — Son buste voilé, à dr. Coh. 171. F.D.C. M. Br. 3 p.

337 Le génie du peuple romain. — La Monnaie debout. M. Br. 9 p. T.B.

Galère Maximien.

338 GENIO AVGG ET CAESARVM.NN. Génie debout. Coh. 39. M. Br. T.B.

339 Le génie du peuple romain. M. Br. 7 p. T.B.

Galeria Valeria.

340 GAL VALERIA AVG. Son buste, à dr. ℞. VENERI VICTRICI. Vénus debout. M. Br. Coh. 2. T.B.

Licinius, père.

341 GENIO AVGVSTI.M. Br. T.B. — GENIO POPVLI ROMANI. M. Br. T.B. 2 p.

342 IOVI CONSERVATORI AVGG. Jupiter portant une victoire et un sceptre, à ses pieds un aigle. P. Br. Coh. 91. T.B.

343 Aigle légionnaire entre deux enseignes. Coh. 165. P. Br.
T.B. — Aigle emportant Jupiter. Coh. 99. T.B. Six
autres pièces. Ens. 8 p. Br. T.B.

Licinius fils.

344 Son buste casqué, cuirassé, à g., portant un bouclier et
une lance. P. Br. T.B. — Son buste, à g., tenant un
globe surmonté d'une victoire. P. Br. T.B. 4 p.

Constantin le Grand.

345 — CONSTANTINVS NOB C. Son buste lauré, à dr. R⁄. VIRTVS
MILITVM, porte de camp ouverte et surmontée de quatre
tourelles. A l'exergue : PTR. Arg. Coh. 706. F.D.C.

346 Mars allant à dr. M. Br. Coh. 365. — Mars debout. Coh.
358. — Constantin entre deux enseignes. — Le génie du
peuple romain. M. Br. 5 p. T.B.

347 Petits bronzes variés, 9 p. T.B. — Petit bronze autonome
de Constantinople. Coh. 2. 10 p. T.B.

348 POP ROMANVS. Quinaire de bronze. Coh. 1. B.

Fausta.

349 SALVS REIPVBLICA. Fauste debout. P. Br. Coh. 6. T.B.

Crispus.

350 Son buste casqué, à g., avec la haste et le bouclier. R⁄.
BEATA TRANQVILLITAS. Autel. P. Br. Coh. 7. T.B.

351 CAESARVM NOSTRORVM. Autour de VOT.V. Coh. 36. Joli P.
B.

352 Petits bronzes, types variés. T.B. 4 p.

Constance II.

353 FL.IVL.CONSTANTIVS.PERP AVS. Son buste lauré, à dr. R⁄.
GLORIA REIPVBLICAE. Rome et Constantinople assises
tenant ensemble un bouclier sur lequel est écrit. VOT XX
MVLT XXX. Or. Coh. 108. T.B.

354 M. Br. Coh. 31. — P. Br. Coh. 166. 2 p. T.B.

Magnence.

355 G. Br. au monogramme chrétien. Coh. 30. B. — M. Br.
Coh. 41 et 42. 3 p. Ens. 4 p.

Valens.

356 VOT X MVLT XX. Arg. Coh. 96. F.D.C.

357 D.N.VALENS PER F AVG. Son buste diadémé, à dr. R⳨. Le
même. Arg. Coh. 96. Rare. T.B.

Gratien.

358 D.N.GRATIANVS P.F.AVG. Son buste diadémé, à dr. R⳨.
Gratien et Valentinien assis de face. Or. Coh. 28. T.B.

359 Mêmes types. R⳨. VIRTVS ROMANORVM. Rome assise de face.
Arg. Coh. 56. F.D.C.

360 VOT.X.MVLT XX. Arg. Coh. 70. F.D.C.

Flaccille

361 AEL FLACCILLA. Son buste diadémé, à dr. R⳨. SALVS REIPV-
BLICAE. Victoire assise tenant un bouclier. M. Br. Coh.
4. B.

Magnus Maximus.

362 VIRTVS ROMANORVM. Rome assise de face. Arg. Coh. 29.
T.B.

EMPIRE D'ORIENT

Arcadius.

363 DN ARCADIVS P.F AVG. Buste casqué d'Arcadius vu de trois
quarts. R⳨. CONCORDIA AVGG. Constantinople assise de
face tenant le globe Nicéphore et une haste. Or. T.B.

Théodose II.

364 D.N THEODOSIVS P.F.AVG. Son buste casqué de face avec la
haste et le bouclier. R⳨. VOT XXX MVLT XXX T. Rome
casquée assise, à g. Or. T.B.

Eudoxie (femme de Théodose II).

365 AEL EVDOXIA AVG. Son buste diadémé et drapé, à dr. R⳨.
Sans légende. Croix dans une couronne de lauriers; à
l'exergue CONOB et une étoile. Tiers de sou. Or. T.B.

Marcien.

366 D.N.MARCIANVS F AVG. Buste casqué de face avec la haste et
le bouclier. R⫞. VICTORIA.AVGGG.B. Victoire debout, à g.,
tenant une longue croix. Or. T.B.

367 D.N.MARCIANVS PIVS AVS. Son buste diadémé, à dr. R⫞.
Sans légende ; croix dans une couronne de lauriers.
A l'exergue. CONOB. Or. Tiers de sou. T.B.

Léon Ier.

368 D.N LEO PER PET AVG. Buste casqué de face avec la haste
et le bouclier. Revers du précédent. Or. T.B.

Héraclius et Héraclius Constantin.

369 **D.D.NN.HERACLIVS ET hERA·CONST.** Les deux
Augustes diadémés de face et assis tenant chacun le
globe crucifère. R⫞. **DEVS ADIVTA ROMANIS.** Croix
posée sur un globe et trois degrés dans le champ. R⫞.
Arg. Sabatier. 58. B. Rare.

Léon III, Constantin V et Léon IV.

370 C **LEON P.A.MЧL**. Buste de face et diadémé de Léon III
vêtu de la robe à carreaux et tenant une longue croix
potencée. R⫞. **CONSTANTIⱤOS·S·I.€OⱤ O Ɽ€OS**.
Bustes de face et diadémés de Constantin V et de son fils.
Or. Sabatier. 1. T.B. Trouée.

Léon IV et sa famille.

371 **LEON PAP CONSTANTINOS PATER.** Bustes de face
de Léon III et de Constantin V. R⫞. **LEON VSSESSON
COⱤSTANTINOS O·ⱤEOS**. Léon IV et son fils
Constantin IV assis de face. Or. T.B.

Théophile.

372 **ꓶ€OFILOS BASIL€**. Buste de face et diadémé de
Théophile vêtu de la robe à carreaux et tenant un globe
crucifère. R⫞. **CVRI€ BOHOH ⲧO SO ƆOVLOƩ**.
Croix grecques sur trois degrés ; dans le champ deux
étoiles. Fabrique barbare. Or. Sabatier, pl. 43. 4. (150 fr.).
Rare.

Basile II et Constantin XI.

373 **BASIL·C·CONSƵANƵI BA**. Bustes diadémés des deux
Augustes tenant ensemble une longue croix. ℞. **IHS·
XIS·REX REGNANTIHℳ**. Buste, de face, du Christ
tenant les Évangiles. Or. T.B.

Michel IV le Paphlagogien.

374 **ꙨIXAHL bASILEHS Rꙍ**. Buste de face et diadémé de
Michel IV, barbu, tenant le labarum et le globe crucifère;
en haut une main bénissante. ℞. **IHS·XPS·REX
REGⱤAⱤTIVM**. Buste du Christ. Or. Sabatier pl. 49.
N° 2 (200 fr.). Superbe pièce à fleur de coin.

Lots, doubles de la collection, etc.

375 Drusus, Agrippa, Germanicus Claude. M. Br. 7 p. B.

376 Titus, Trajan, Nerva, Antonin. M. Br. 5 p. et Arg. 3 p. Ens.
8 p.

377 Antonin, Adrien, Aelius, etc. G. Br., M. Br. et Arg. 10 p.
B.

378 Antonia, Néron, Marc-Aurèle, Faustine mère. G. Br., M.
Br., Arg. 16 p.

379 Faustine jeune, Lucius Vérus, Commode. G. Br., M. Br.,
Arg. 14 p.

380 Caracalla, Julie, Alexandre Sevère. G. Br., M. Br., Arg.,
14 p.

381 Maximin, Philippe, etc. G. Br., M. Br. et billons, 39 p.

382 Lot de 100 G. Br. et M. Br. parmi lesquels : Sabine, Albin,
etc.

383 Lot de 100 M. Br.

384 — de 25 M. Br. Dioclétien, Galère, Maximien, etc. T.B.

385 — de 25 G. Br. Padouannes et imitations.

386 — de 95 p. arg. et billon, Alexandre Sévère, Caracalla,
Julie, Gordien, Philippe, etc., etc.

387 Lot de 14 p. arg. romaines et grecques.

388 Un très grand lot de pièces arg. romaines, gauloises,
grecques. Poids : un kilogr.

389 Lot de 42 bronzes grecs et romains, la plupart très beaux.

390 Lot de 30 pièces arg. Hemi-oboles, trioboles, etc.,
grecques et parthes.

391 Lot de 12 p. romaines. Arg. B.

392 — de 60 p. romaines. Arg. B. T.B. et F.D.C.

393 — de 35 p. romaines. Arg. T.B. et F.D C.

394 — de 80 p. romaines. Arg. B. et T.B.

395 — de 70 p. romaines. Arg.

396 — de 50 p. romaines. Arg.

397 — de petits bronzes et de pièces non cataloguées.

MONNAIES GAULOISES [1]

398 **Marseille**. Obole avec MA dans une roue. Arg. T.B.

399 Tête de Diane. R℈. **ΜΑΣΣΑ**. Lion, à g. Arg. T.B.

400 Tête d'Apollon. R℈. Taureau cornupète. Br.

401 **Allobroges**. Tête laurée, à g. R℈. Chamois, à g. Arg. T.B.

402 Tête laurée, à dr. R℈. Chamois, à dr. Arg. T.B.

403 Tête casquée, à dr. R℈. Hippocampe, à dr. Arg. T.B.

404 **Ligue contre Arioviste**. Tête casquée, à dr. R℈. EBVRO. Cavalier, à dr. Arg. T.B.

405 DVRNACVS. Tête casquée, à dr. R℈. DONNVS. Cavalier. Arg. T.B.

406 **Bituriges Cubi**. Tête imberbe, à g. R℈. Cheval, à g., au-dessus, une épée; au-dessous, une étoile. Arg. T.B.

407 Même tête. R℈. Cheval, à g.; dessus, un sanglier. Arg. T.B.

408 Même tête. R℈. CAMBOTRE. Cheval courant, à g.; dessus une épée. Arg. T.B.

409 **Séquanes**. Tête à g. R℈. Sanglier. Arg. T.B.

409 *bis*. TOGIRIX. Tête, à g. R℈. Cheval et serpent. Arg. T.B.

410 **Leuques**. Tête, à g. R℈. Sanglier. Potin 4 p.

411 **Trévires**. Grand œil entouré d'un grènetis. R℈. Cheval courant à g.; dessous un ornement; dessous, une roue. Statère d'or. De La Tour, 8817. T.B.

412 **Parisiens**. Tête très ornée, à dr. R℈. Cheval ailé, les ailes en forme de filet. Statère d'or. De la Tour, 7780. T.B. Entaille au revers.

---

1. H. de la Tour, *Atlas de Monnaies gauloises*.

413 **Osismiens.** Tête à cordons perlés terminés par de petites têtes; dessus, sanglier. R⁄. Cheval androcéphale, à g.; dessous, sanglier. Électrum. De La Tour, 6541. B.

414 BITURIGES. Tête, à g. R⁄. SALIAGIIS. Aigle éployé, à g., sur un autre aigle. Br. T.B.

415 CARNVTES PI[XTILOS]. Tête, à dr. R⁄. Cavalier. Br. B.

416 **Aulerkes-Cénomans.** Têtes entourées de cordons perlés; au-dessus, un sanglier. R⁄. Char avec cheval androcéphale; devant, franges suspendues; dessous, génie ailé couché. Statère d'or. De la Tour, 6827. T.B.

417 **Pictons.** Tête, à dr. R⁄. Cheval, à dr.; dessous, main ouverte. Électrum. De la Tour, 4325.

418 **Santons.** ARIVOS. Tête casquée, à dr. R⁄. [SANTONOS]. Cheval, à dr.; dessous, une rosace. Arg. T.B.

419 **Elusate.** Tête barbare. R⁄. Cheval. Arg. T.B.

420 Lot de 30 pièces gauloises. Arg.

MONNAIES MÉROVINGIENNES

421 **Bannasac** (*Lendegiselus monétaire*). + LEVEDGISOLVS MONETA. Buste diadémé, à dr. R⁄. + BANNIACIACO FIT. Calice à deux anses surmonté d'une croix. Tiers de sou d'or. Très belle pièce. *Voir la planche, n° 9.*

422 **Paris** (*Arnebodes monétaire*) + PARISIVS CIVE. Buste diadémé, à dr. R⁄. + ARNEBODE NON. Croix ancrée, fichée sur un globe. Tiers de sou d'or. T.B. *Voir la planche, n° 10.*

423 **Chalon-sur-Saône.** (*Wintrio monétaire*). CABIL /////////. Buste, à dr. R⁄. WINTRIO MON. Croix sur un degré, accostée de CA. Tiers de sou d'or.

424 **Poitiers.** (*Hedelmaric monétaire*). + HEDELMARIC. Buste, à dr. R⁄. + CVDIN///////// VI. Croix cantonnée de quatre annelets centrés. Denier d'argent. T.B. *Voir la planche, n° 11.*

> Cette intéressante monnaie vient nous apprendre un nom nouveau de monétaire. *Le catalogue des monnaies mérovingiennes de la Bibliothèque nationale* fait bien mention de cette pièce sous les n°ˢ 2240 à 2242, mais les exemplaires du cabinet des Médailles ne permettent pas la lecture du nom du monétaire.

MONNAIES CAROLINGIENNES

Charlemagne.

425 *Melle.* + METVLLO. Monogramme. ℞. + CARLVS REX FR. Croix. Denier. T.B.

Charles le Chauve.

426 *Chartres.* + CARNOTIS CIVITAS. Denier. T.B.
427 *Le Mans.* + CINOMANIS CIVITAS. Denier. T.B.
428 *Toulouse.* + TOLOSA CIVI. Denier. T.B.
429 *Orléans.* + AVRELIANIS CIVITAS. Denier. T.B.
430 *Rennes.* + REDONIS CIVITAS. Denier. T.B.
431 *Quentowic.* + QVENTOVVICI. Denier. B.
432 *Saosnes.* + CVRTISASONIEN. Denier. T.B.

Charles le Gros.

433 *Nevers.* + NEVERNIS CIVIT. Denier. T.B.

Eudes.

434 *Blois.* + BLESIANIS CASTRO. Denier. B.
435 *Limoges.* LIMOVICAS CIVIS. Denier. T.B.

Charles le Simple.

436 *Melle.* Denier et obole avec METALO en deux lignes. 2 p.

Lothaire.

437 *Bourges.* + BITVRIGES CIVIT. Temple tétrastyle. ℞. + LUTE-RIVS REX. Croix. Denier. T.B.
438 *Chalon-sur-Saône.* + LOTARIVS. Grand B. ℞. + CAVILON CIVIT. Denier. B.

Pépin II d'Aquitaine

439 *Melle.* + METVLLO. Pipinus en monogramme. R⁄. + PIPI-
NVS REX EQ. Croix. Denier. T.B.

Louis II d'Italie.

440 + PISTIANA RELIGIO. Temple tétrastyle. R⁄. + HLVDOVICVS
IMP. Croix cantonnée de quatre points. Grand denier.
T.B.

MONNAIES CAPÉTIENNES

Hugues Capet (987-996).

441 *Beauvais.* BELVACVS CIVITAS. Monogramme. R⁄. HVGO REX
HERVEVS. Croix cantonnée. Arg. Hoff. nᵒ 7. T.B.

Hugues fils de Robert (1017-1025).

442 *Orléans.* +.D-I DEXTRA BE. Portail entouré de : HVGO. R⁄.
AVRELIANIS CIVITAS. Croix. Arg. Hoff. 13. (Philippe Iᵉʳ).
T.B.

Louis VI et Louis VII (1108-1180).

443 *Denier d'Orléans.* Arg. Hoff. 8. T.B.
444 *Denier de Dreux.* R⁄. DRVCAS CASTA. Arg. Hoff. 16. B.
445 *Denier de Mantes.* + CASTVM NAT. Deux croisettes et deux
annelets. Arg. Hoff. 3. T.B.
446 *Denier d'Estampes.* Arg. Hoff. 6.
447 *Denier d'Angoulême.* Arg. Hoff. 13. — *Obole* manque dans
Hoff. Arg. 2 p. T.B.
448 *Denier de Périgueux.* + EGOLISSIME. Croisette, croissant et
trois annelets. Arg. T.B.
449 *Denier de Langres.* LVDOVICVS REX. Crosse entre une étoile et
un croissant. R⁄. VRBS LINGONIS. Arg. Hoff. 17. B.

Philippe II (1180-1223).

450 *Denier frappé à Arras.* FRANCO en deux lignes. Arg. Hoff. 3.
451 *Denier de Paris.* Arg. Hoff. 1.
452 *Denier de Déols.* DEDOLIS. Deux triangles enlacés. Arg. Hoff. 7.
453 *Denier de Laon.* + PHILIPVS RE. Buste du roi. R/. ROGERVS EPC. Buste de l'évêque Roger de Rosoi. Arg. Hoff. 17. B.

Louis VIII (1223-1226).

454 *Denier de Tours.* TVRONIS CIVIS. Châtel. Arg. Hoff. 3. T.B.
455 *Denier de Paris.* Arg. Hoff. 1. 2 p.

Louis IX (1226-1270).

456 *Gros Tournois à l'étoile.* TVRONVS CIVIS. Châtel. Bordure de douze fleurs de lis. Étoile sous le second v de TVRONVS. Arg. Hoff. 9. T.B.
457 *Gros Tournois.* Même type. Sans l'étoile. Arg. Hoff. 10. T.B. — *Denier Tournois.* Hoff. 13. 2 p.

Philippe III (1270-1285).

458 *Gros Tournois.* Avec PHILIPVS REX. Arg. Hoff. 5. F.D.C.
459 *Obole Tournois.* Avec PHILIPVS REX. Arg. Hoff. 9. T.B.

Philippe IV (1285-1313).

460 *Agnel d'or.* Agneau pascal avec la banderole, à g.; dessous, PH . REX. Or. Hoff. 1. T.B.
461 *Gros Tournois à l'o long.* Arg. Hoff. 8. T.B.
462 *Maille blanche à l'o long.* Arg. Hoff. 9. T.B.
463 *Maille tierce à l'o rond.* Arg. Hoff. 6. F.D.C.
464 *Double Tournois.* Fronton de châtel entre deux lis. Hoff. 23.
465 *Royal Parisis double.* REGA-LIS en deux lignes. Hoff. 20.
466 *Bourgeois simple.* NOV-VS en deux lignes. Arg. Hoff. 28. T.B. — *Maille bourgeoise.* Même type. Arg. Hoff. 30. T.B. 2 p.

Charles IV (1322-1328).

467 *Royal d'or.* KOL.REX.FRACOR. Le roi debout, sous un dais gothique et tenant un long sceptre. Hoff. 2. T.B.

468 *Maille blanche.* Type habituel avec FRANCHORUM. Arg. Hoff. 7. B.

469 *Maille blanche.* Même type avec FRANCORUM. Arg. Hoff. 9. T.B.

470 *Double parisis.* + KAROLUS.REX. Dans le champ, grande couronne. Bill. Hoff. 10. B.

Philippe de Valois (1328-1350).

471 *Royal d'or.* PH'S REX FRACOR. Le roi tenant un long sceptre, debout sous un dais gothique. Hoff. 1. T.B.

472 *Parisis d'or.* PHILIPPVS : DEI : GRA : PRANCORVM : REX. Le roi assis sous un dais ogival, les pieds posés sur deux lions couchés et tenant un sceptre et une main de justice. Hoff. 2. Superbe exempl. *Voir la planche, n° 12.*

473 *Écu d'or.* Le roi tenant une épée et un écu fleurdelisé, assis sur un siège gothique. Le tout dans une épicycloïde. Hoff. 2. F.D.C.

474 *Lion d'or.* Le roi tenant deux sceptres, assis sur un siège gothique, les pieds appuyés sur un lion couché. Hoff. 6. B.

475 *Pavillon d'or.* + PHILIPPVS : DEI : GRA : FRANCHORVM · REX. Le roi tenant le sceptre, assis de face sous un pavillon fleurdelisé. Hoff. 8. T.B.

476 *Double royal d'or.* Le roi tenant deux sceptres, assis de face sous un dais. Hoff. 11. T.B.

477 *Ange d'or.* Sous un dais gothiqne : ange debout sur un dragon, tenant une croix à long pied et un écu à trois fleurs de lis. Le tout dans une épicycloïde. Hoff. 12. T.B.

478 *Chaise d'or.* Le roi tenant le sceptre et la main de justice, assis de face sur un siège gothique. Le tout dans une épicycloïde. Hoff. 14. F.D.C.

479 *Gros parisis.* +. PARISIVS CIVIS ARGENTI. Au centre : FRANCO. PHI en deux lignes sous une couronne; bordure de lis. R⳨. + BNDICTV : SIT etc. en légende extérieure. Croix cantonnée de deux lis. Arg. Hoff. 19. Superbe pièce. *Voir la planche, n° 13.*

480 *Gros à la queue.* Châtel surmonté d'une couronne. R⫝̸. Croix à long pied coupant la légende. Hoff. 22. T.B.

481 *Gros à la couronne.* FRANCORUM. Châtel sous une couronne. R⫝̸. La légende intérieure coupée par une croix pattée. Hoff. 25. T.B.

482 *Gros à la fleur de lis.* FRANCORUM autour d'une grande fleur de lis. H. 29. B.

483 *Double parisis.* Grand lis dans le champ. Bill. Hoff. 31. 2 p. B.

484 *Parisis noir.* FRANCO en deux lignes. Bill. Hoff. 35.

485 *Double parisis.* FRAN-CORV en deux lignes. Bill. Hoff. 40.

486 *Double tournois.* (janv. 1336). Deux fleurs de lis séparant les lettres F R A N. Bill. Hoff. 42.

487 *Double tournois* (janv. 1339). Le même. Le lis supérieur accosté de deux annelets. Bill. deux exempl. T.B.

488 *Double parisis.* Grande couronne. Bill. Hoff. 56.

489 *Double tournois.* Grande couronne sur laquelle est écrit : REX. R⫝̸. Croix à long pied coupant la légende. Bill. Hoff. 58. 3 p. B.

Jean le Bon (1350-1364).

490 *Mouton d'or.* Agneau pascal nimbé; dessous IOH'. REX. Le tout dans une rosace. Hoff. 3. T.B.

491 *Franc à Cheval.* Le roi couvert d'une armure fleurdelisée, l'épée haute, à cheval au galop, à g.; la housse du cheval semée de lis. Hoff. 10. T.B.

492 *Florin d'or.* + FRANTIA. Grand lis florencé. R⫝̸ : S. IOHAN-NES. B. Saint Jean debout. Hoff. 11. T.B.

493 *Gros tournois.* Type ordinaire. Arg. Hoff. 15. T.B.

494 *Gros blanc à la couronne.* FRANCORV REX autour d'une grande couronne. Bordure de lis. R⫝̸. IOHANNES DEI GRA en légende intérieure. Croix cantonnée de deux lis. Hoff. 25. T.B.

495 *Gros blanc à la couronne.* FRANCORVM autour d'une grande couronne sous laquelle est écrit REX. Bordure de lis. R⫝̸. IOHANNES DEI GRA en légende intérieure. Croix. Hoff. 26. T.B.

496 *Gros blanc à la couronne.* Grande couronne; au-dessous, FRANCORU : REX en deux lignes. H. 28. T.B.

497 *Gros blanc à la fleur de lis.* Grand lis florencé et couronné dans une rosace. Hoff. 31. T.B.

498 *Gros blanc à la fleur de lis*. Châtel surmonté d'un lis. Hoff. 39.

499 *Gros blanc dit compagnon*. Hoff. 41. Fruste.

500 *Gros blanc à l'étoile*. Étoile. MONETA DVPLEX ALBA; dans le champ, IOHS-FRACO-REX en trois lignes. Bordure de lis. R⳼. + IOHANNES.DEI.GRA en légende intérieure, croix cantonnée de deux étoiles. Hoff. 44. Conservation exceptionnelle.

501 *Gros blanc aux fleurs de lis*. Champ semé de lis; autour, FRANCORVM REX. Bordure de lis. Hoff. 46. Très belle pièce.

502 *Gros blanc dit Patte d'oie*. FRANC entre deux traits horizontaux; au-dessus et au-dessous, une couronne entre deux lis. Hoff. 49. Cuiv. T.B.

503 *Double tournois*, Grand lis dans le champ. Hoff. 58. T.B.

504 *Double tournois*. FRANCORV en deux lignes. Hoff. 59.

505 *Petit parisis*. FRANCO en deux lignes. Hoff. 61. B.

506 *Double tournois*. Châtel tournois sous une couronne. R⳼. Croix à long pied cantonnée de quatre lis. Hoff. 64. B.

507 *Petit tournois*. TVRONVS CIVIS. Châtel surmonté d'un lis. Hoff. 72.

Charles V (1364-1380).

508 *Franc à pied d'or*. Le roi debout sous un dais gothique, et tenant une épée et la main de justice; champ semé de lis. Hoff. 2. B.

509 *Franc à cheval*. Le roi couvert d'une cuirasse fleurdelisée, l'épée haute, à cheval au galop, à g., la housse du cheval semée de lis. Hoff. 4. T.B.

510 *Blanc aux fleurs de lis*. Grand K couronné accosté de deux lis; autour, DEI GRATIA. Hoff. 7. B.

Charles VI (1380-1422).

511 *Écu d'or* KAROLVS.DEI.GRATIA etc. Écu couronné. Hoff. 1. T.B.

512 *Demi-écu heaumé*. + KAROLVS : DEI : GRACIA : FRANCORVM : REX. Écu timbré d'un heaume couronné, cimé d'un lis et lambrequiné, le tout dans une épicycloïde. R⳼. + XPC. VINCIT etc. Croix feuillue cantonnée de quatre lis, dans un quadrilobe. Hoff. 6. T.B. *Voir la planche, n° 14.*

513 *Gros.* GROSUS TURONUS autour de trois fleurs de lis, sous une couronne. Hoff. 14. B.

514 *Gros aux fleurs de lis.* Fr. à Tournai. Hoff. 15. F.D.C.

515 *Gros dit florette.* Trois lis sous une couronne. Hoff. 17. T.B.

516 *Blanc dit guénar.* Écu dans le champ. Hoff. 22. B. Deux exempl.

517 *Demi-guénar.* Même type. Hoff. 25. 2 p.

518 *Double tournois.* Trois lis dans le champ. Hoff. 31. T.B. — *Double tournois dit Niquet.* Hoff. 34. 2 p. B.

519 *Denier tournois.* Deux lis dans le champ. Hoff. 38. T.B.

520 *Petit Parisis.* FRAN sous une couronne. Hoff. 40. T.B.

521 *Denier dentelé.* KAROLVS. FRAN. REX. Croix coupant la légende. R⁄. DALPHS. VIENESIS. Dauphin dans une rosace. Hoff. 47. T.B.

522 *Patard.* Grand dauphin. Hoff. 48. T.B.

523 GÉNES. *Patachina.* Écu parti de France-Gênes. Hoff. 53. T.B.

Édouard III (1317-1355).

524 *Demi-gros.* + DNS HIBERNIE. Châtel. Bordure de lis. R⁄. + ED REX ANGLIE. B.

Charles VII dauphin (1416-1422).

525 *Agnel d'or.* + Agneau Pascal nimbé avec la banderole; dessous KRL. REX. R⁄. Croix feuillue cantonnée de quatre lis dans un quadrilobe. Fr. à Romans. T.B. Hoff. 2. Henri v. *Voir la planche, nº 15.*

Henri V, roi d'Angleterre (1415-1422).

526 *Florette.* Trois lis sous une couronne. Hoff. 6. T.B.

527 *Double tournois.* Léopard sous un lis. Hoff. 11. B.

Henri VI, roi d'Angleterre (1422-1453).

528 *Noble d'or.* Le roi debout sur un navire, tenant une épée et l'écu écartelé de France et d'Angleterre. T.B.

529 *Demi-noble d'or.* HENRIC. DI. GRA. R. ANGL. FRANC. Même type. Fr. à Saint-Lô. T.B.

530 *Salut d'or*. Écus accolés de France et d'Angleterre, derrière la Vierge et l'ange Gabriel tenant un rouleau déployé sur lequel est écrit AVE. Hoff. 3. T.B.

531 *Blanc aux écus*. Écus de France et d'Angleterre surmontés du mot HERICVS. Hoff. 6. B.

532 *Petit parisis noir*. HERI sous une couronne; au-dessous, une fleur de lis et un léopard. Hoff. 12. B.

533 *Gros de Calais*. Buste couronné, de face. ℞. VILLA CALISIE. B.

Charles VII (1422-1461).

534 *Agnel d'or*. Agneau pascal, avec la banderole; dessous, K: F.RX. Hoff. 1. T.B.

535 *Écu d'or à la couronne*. Écu de France couronné et accosté de deux lis couronnés. Hoff. 6. T.B. Fr. à Saint-Lô.

536 *Royal d'or*. KAROLVS : DEI : GRA FRANCORVM : REX C. Le roi debout tenant deux sceptres; champ fleurdelisé. ℞. + XPC VINCIT etc. C. à la fin de la légende. Hoff. 9. Fr. à Chinon. T.B.

537 *Grand blanc dentillé*. Écu surmonté d'une couronne coupant la légende, dans une épicycloïde. Hoff. 15. B. Fr à Chinon.

538 *Gros au K dit des gens d'armes*. Grand K couronné accosté de deux lis. Hoff. 18. T.B. Fr. à Toulouse.

539 *Petit blanc au K*. Même type. Hoff. 19. T.B. Fr. à Poitiers.

540 *Gros de roi*. Trois lis sous une couronne. ℞. Croix fleurdelisée. Hoff. 22. T.B. Fr. à Lyon.

541 *Grand blanc aux fleurs de lis*. Trois lis dans le champ. Hoff. 32. T.B. Fr. à Tours.

542 *Gros dit florette*. Trois lis sous une couronne. ℞. Croix pattée coupant la légende et cantonnée de deux lis et de deux couronnes. Hoff. 35. Fr. à Tours.

543 *Grand blanc*. Écu de France entre trois couronnes, dans un trilobe. B. à la fin des légendes. Hoff. 36. T.B. 2 p. Fr. à Bourges.

544 *Grand blanc*. Le même, fr. à Lyon. 3 p. B.

545 — Autres, fr. à Troyes, Tournai, 2 p. B.

546 — Autres, fr. à Tours, Angers, Paris, 4 p. T.B.

547 — Autre, fr. à Limoges. B.

548 *Petit blanc à la couronnelle.* Écu timbré d'une couronnelle dans une rosace trilobée. Étoile à la pointe de l'écu. Hoff. 38. B. Fr. à Tours.

549 *Grand blanc aux trois fleurs de lis.* Trois lis sur la même ligne sous une couronne. H. 39. T.B. Fr. à La Rochelle.

550 *Grand blanc au briquet.* (Briquet). KAROLVS etc. Écu de France timbré d'une couronnelle et accosté de deux briquets, dans une rosace trilobée. R⁄. (Briquet.) SIT. NOMEN etc. Croix cantonnée de deux briquets et de deux fleurs de lis, dans une rosace. Hoff. 40. T.B. Fr. à Dijon.

551 *Grand blanc au briquet.* (Briquet) KAROLVS etc. Type du Grand blanc mais avec un briquet au commencement des légendes. Hoff. 41. T.B. Fr. à Dijon.

552 *Petit blanc aux fleurs de lis.* Fr. à Limoges. Hoff. 43. T.B.

553 *Patard du Dauphiné.* Hoff. 71. Fr. à Crémieux.

Louis XI (1461-1483).

554 *Demi-écu au soleil.* Écu de France timbré d'un soleil. R⁄. Croix fleurdelisée. Hoff. 2. T.B. Rouen.

555 *Écu à la couronne.* Écu de France accosté de deux lis couronnés. Hoff. 4. Bordeaux.

556 *Gros de roi.* Trois lis sous une couronne. R⁄. Croix fleurdelisée. Hoff. 12. Tournai.

557 *Grands blancs.* Frappé à Saint-Lô, Tours et Romans. Hoff. 15. T.B. 3 p.

558 *Grands blancs au soleil.* Trois lis dans un trilobe. Hoff. 19. Fr. à Poitiers, Angers et Montpellier. 3 p. B. et T.B.

559 *Denier tournois.* LVDOVICVS FRA RE + Deux fleurs de lis dans le champ. R⁄. TVRONVS CIVIS FRANC. Croix dans une rosace. Bill. Variété inédite de Hoff. 33. B. Fr. à Poitiers.

560 *Hardi* fr. à La Rochelle. Hoff. 34. 2 p.

Charles VIII (1483-1498).

561 *Écu d'or au soleil.* Type ordinaire. Hoff. 2.

562 *Demi-écu d'or au soleil.* Même type. Hoff. 5 Paris.

563 *Écu d'or de Bretagne.* Écu de France accosté de deux hermines couronnées. R⁄. Croix fleurdelisée accostée de quatre hermines couronnées. Hoff. 7. B. Nantes.

564 *Douzain*. Type ordinaire. Hoff. 11. Limoges et Saint-Lô.
2 p. — *Douzain de Bretagne* fr. à Rennes. Ens. 3 p.

565 *Douzain*. Écu timbré d'une couronne et accosté de deux lis,
dans un trilobe. R⫲. Croix cantonnée de quatre lis dans
une rosace. Hoff. 14. T.B. Fr. à Tarascon.

566 *Karolus* frappé à Paris. Hoff. 19 et *Karolus* pour la Bretagne fr. à Nantes. Hoff. 23. 2 p. B.

567 *Douzain pour le Dauphiné* fr. à Crémieux. — Autre fr. à
Grenoble. Hoff. 24. 2 p. B.

568 *Denier Tournois*. Deux lis dans une rosace. Hoff. 4 p. B.

569 *Hardi pour la Bretagne* fr. à Nantes. Hoff. 37. B.

570 *Liard au Dauphin* pour la Bretagne fr. à Rennes. Hoff.
39. T.B.

571 *Liard au dauphin* fr. à Paris. Hoff. 40. B.

572 **Aquila**. Cavallo. Hoff. 64. T.B. 2 p.

573 **Sulmona**. Cavallo. Hoff. 69. T.B.

Louis XII (1498-1515).

574 *Écu d'or au soleil*. Type habituel. Hoff. 1. T.B. Fr. à
Bayonne.

575 *Écu d'or au porc-épic*. Écu de France accosté de deux porcs-
épics. Hoff. 6. T.B. Rouen.

576 *Écu d'or au porc-épic, Bretagne*. Écu de France accosté de
deux hermines couronnées, dessous un porc-épic. Hoff.
9. T.B. Rennes.

577 *Douzain* fr. à Rouen et Sainte-Menehould. Hoff. 26.
T.B. 2 p.

578 *Sixain*. Écu timbré d'une couronne, dans un trilobe. R⫲.
Croix cantonnée d'un lis et d'une couronne. Hoff. 27.
2 p. B.

579 *Douzain au porc-épic*. Écu couronné, dessous un porc-épic.
Hoff. 33. T.B. Fr. à Lyon.

580 *Dizaine à l'l couronné*. Grand L passé dans une couronne
et accosté de x-11. Arg. Hoff. 39. B. Fr. à Paris.

581 *Douzain du Dauphiné*. Hoff. 32. — *Douzain de Bretagne*.
Hoff. 28. 2 p. *Double tournois*. Hoff. 41. Ens. 4 p.

582 **Asti**. *Parpaillole*. Écu de France aux quatre quartiers surmonté d'une couronnelle. Arg. Hoff. 69. B.

583 **Naples**. *Carlin*. LVD.FRAN REGNIO NEAP:R. Le roi assis, de face, avec le sceptre et la main de justice; les pieds appuyés sur deux lions couchés. Arg. Hoff. 77. T.B.

584 **Aquila**. *Sestino*. Écu de France sur un aigle déployé. Cuiv. Hoff. 78.

585 **Milan**. *Teston*. + LVDOVICVS.D.G.FRANCORVM.REX. Buste du roi, à dr., avec bonnet fleurdelisé. R∠. DUX MEDIOLANI. Saint-Ambroise à cheval, à dr. Arg. Hoff. 87. B.

586 *Ducaton*. + LVDOVIC.D.G. FRANCOR.REX. Écu de France accosté de deux fleurs de lis. R∠. MEDIOLANI DVX. Saint Ambroise assis, de face. Arg. Hoff. 88. T.B.

587 *Gros*. Écu couronné entre deux lis. R∠. Saint Ambroise assis, de face. Arg. Hoff. 92.

588 *Brisonne*. Écu de France entre deux guivres couronnées. Hoff. 94. — *Demi-parpaillole*. Écu de France. R∠. Croix florencée. Hoff. 95. 2 p.

589 *Demi-parpaillole*. L dans une couronne. Hoff. 98. — *Patard*. Trois lis. Bill. Hoff. 100. 2 p.

François Ier (1525-1547).

590 *Écu d'or au soleil*. Écu couronné. R∠. Croix fleurdelisée, cantonnée de deux lis et de deux F. Hoff. 4. T.B. Fr. à Paris.

591 *Écu d'or à la croisette*. Type ordinaire. R∠. Croix dans une rosace. Hoff. 12. T.B. Fr. à Toulouse.

592 *Demi-teston*. Buste imberbe cuirassé, à dr. La tête coiffée d'une couronne fermée. R∠. Écu couronné accosté de deux F couronnés. Hoff. 43. T.B. Fr. à Lyon.

593 *Teston du Dauphiné*. Buste imberbe, à dr. R∠. SIT NOMEN etc. Armes écartelées de France-Dauphiné. Hoff. 52. T.B. Fr. à Romans.

594 *Teston*. Buste cuirassé, à dr., la lettre A brochant sur la poitrine. R∠. XPS.VINCIT etc. Écu couronné dans une épicycloïde; A à la pointe de l'écu. Type du demi-teston d'Hoff. 62. Fr. à Paris.

595 *Teston de Bretagne*. FRANCISCVS:D:G:FRANCOR:REX:BRIT: DVX. Buste barbu avec toque couronnée. R∠. DEVS. IN ADIVTORIUM MEVM INTENDE.R. Écu couronné accosté de deux lis couronnés. Hoff. 71. T.B. Rare. Fr. à Rennes. *Voir la planche, n° 16*.

596 *Teston.* Buste barbu avec cuirasse damasquinée, couronne radiée et fleurdelisée. R⸍. Écu couronné dans une épicycloïde. Hoff. 81. F.D.C. Fr. à Lyon.

597 *Teston.* Buste barbu avec couronne fermée. R⸍ Écu couronné accosté de deux F. Hoff. 88. Fr. à Rouen.

598 *Douzain* frappé à Montpellier. Hoff. 92 — *Douzain du Dauphiné* frappé à Grenoble. Hoff. 100 — *Dizain* Hoff. 101. — *Douzains à la croisette.* Hoff. 108. Fr. à Paris, Rouen, Lyon. 3 p. Ens. 6 p.

599 **Gênes.** *Demi-teston.* FRANCISC.REX FRAN.IAN.D. Portail génois surmonté d'un lis. R⸍ + CONRAD, REX ROMAN O.M. Croix. Hoff. 153. B.

600 **Milan.** FRANCIS.D.G.FRANCO REX. Salamandre sous une couronne. R⸍. (Tête nimbée de Saint Ambroise). MEDIOLANI. DVX.ET.CE. Grand F fleuronné et couronné entre deux points triangulaires. Hoff. 137. T.B.

Henri II (1547-1559).

601 *Demi-Henri d'or.* HENRICVS.II.D.G.FRAN.REX. Buste à cuirasse damasquinée, à dr. R⸍. DVM.TOTVM.COMPLEAT. ORBEM. Croix formée de quatre H couronnées, cantonnée de deux lis et de deux croissants, B au centre de la croix. Hoff. 25. T.B. Fr. à Rouen.

602 *Teston.* Buste couronné et cuirassé, à dr. Hoff. 32. T.B. Fr. à Bayonne.

603 *Demi-teston.* Même type. Hoff. 34. T.B. Fr. à Paris.

604 *Teston frappé au moulin.* HENRICVS.II.DEI G.FRANCOR REX. Tête laurée, à dr. R⸍. + CHRS VINCIT.CHRS REGNAT.CHRS IMPERAT. Écu couronné; A à la pointe. Hoff. 40. T.B. Fr. à Paris.

605 *Teston frappé au moulin.* Buste lauré, rosace dans les C des légendes. Hoff. 52. T.B. Fr. à Paris.

606 *Teston au moulin.* Buste lauré, à cuirasse damasquinée. Hoff. 57. B. Fr. à Paris.

607 *Demi-teston au moulin.* HENRICVS II.DEI G FRANCOR.REX. Buste lauré et cuirassé. Hoff. 58. T.B. Fr. à Paris.

608 *Teston frappé au marteau.* Buste lauré, cuirassé, à dr. R⸍. Écu couronné, accosté de deux H couronnées. Hoff. 59. B. Lyon.

609 *Teston du Dauphiné.* Buste cuirassé. R⁄. Écu couronné et écartelé de France-Dauphiné, accosté de deux H couronnées. Hoff. 60. T.B. Fr. à Grenoble.

610 *Teston.* Buste couronné, à dr. Hoff. 65. T.B.

611 *Gros de Nesle.* Grand H couronnée accostée de 3 lis. Hoff. T.B. 2 exempl.

612 *Demi-gros de Nesle.* Même type. Hoff. 72. B. 2 p.

612 *bis. Douzain aux H.* Écu de France entre deux H. Croix cantonnée de deux couronnes et de deux croissants. Hoff. 80. B.

613 **Sienne.** *Parpaillole.* R.P.SEN.IN.MONTE.ILICINO. La louve; dessous, 1556. R⁄. HENRICO.II.AVSPICE. Croix fleurdelisée. Hoff. 97. B.

François, dauphin, et Marie Stuart.

614 *Gros d'argent.* FRAN.ET.MA DEI G.R.R SCOTOR.D.VIEN. Écu de Dauphiné. Écosse sur une croix potencée. R⁄. FECIT VTRAQVE VNVM. 1559. Les lettres FM sous une couronne et accostées de deux croix de Lorraine. T.B.

François II (1559-1560).

615 *Double Henri d'or.* Au buste de Henri II. Fr. à Rouen en 1560. B.

Charles IX (1560-1574).

616 *Écu d'or.* Écu couronné. Hoff. 1. T.B. Fr. à Limoges.

617 *Teston.* Buste lauré et cuirassé, à g. Hoff. 10. T.B. Fr. à Toulouse.

618 *Teston.* Même type, la tête plus petite. Hoff. 10. TB. Fr. à Tours.

619 *Teston dit Morveux.* CAROLVS.IX D.G.FRANCO.REX. Buste, à dr.; dessous, A dans O. R⁄. Écu couronné accosté de deux couronnes. Hoff. 20. B. Fr. à Orléans.

620 *Double sol Parisis.* Trois lis sous une couronne. Cuiv. Hoff. 31. T.B. Fr. à Bayonne.

Henri III (1574-1589).

621 *Testons* fr. à Poitiers et à Sainte-Menehould. Hoff. 9. 2 p.

622 *Demi-franc.* Buste lauré, à dr. ; dessous, la date 1588. Hoff. 17. B.

623 *Franc.* Buste lauré et cuirassé; dessous, F. Hoff. 20. T.B. Fr. à Angers.

624 *Demi-franc.* Même type; dessous, la lettre C. Hoff. 24. Fr. à Saint-Lô.

625 *Franc.* Buste à fraise lauré, cuirassé. Hoff. 25. T.B. Fr. à Toulouse.

626 *Gros de Nesle.* Cuiv. Hoff. 36. — *Douzain.* Hoff. 42. — *Double tournois.* Ens. 3 p.

Henri IV (1589-1610).

627 *Quart d'écu,* fr. à Limoges. Hoff. 25. — *Huitième* d'écu, fr. à Rennes. 2 p. B.

628 *Quart d'écu de Navarre.* Hoff. 29. — *Quart d'écu de Béarn.* Hoff. 32. — *Huitième d'écu de Béarn.* Hoff. 33. Ens. 3 p. B.

629 *Demi-franc.* Buste lauré, à dr. Hoff. 44. T.B. Fr. à Amiens.

630 *Demi-franc.* Buste cuirassé et lauré, à dr. Hoff. 47. T.B. Fr. à Toulouse

631 *Quart de franc,* fr. à Limoges. Hoff. 39.

632 *Double tournois du Dauphiné.* Champ écartelé de France-Dauphiné. Cuiv. Hoff. 78. B.

Louis XIII (1610-1643.)

633 *Écu d'or.* Type du demi-écu d'or d'Hoff. 3. B.

634 *Écu d'or* fr. à Paris. Hoff. 4. B.

635 *Double louis d'or.* LVD XIII.D.G.FR.ET NAV.REX. Sa tête laurée, à dr.; dessous, 1640. R⁄. CHRS REGN.VINC.IMP. Croix formée de huit L couronnées et accostées de lis. Hoff. 20. Très belle pièce.

636 *Louis d'or.* Même type. 1641. Hoff. 22. F.D.C.

637 *Demi-louis d'or.* Même type. Hoff. 24. F.D.C.

638 *Quart d'écu.* Hoff. 30. T.B.

639 *Huitième d'écu.* Hoff. 33. B. — *Quart d'écu de Navarre-Béarn.* Hoff. 47. 2 p. B.

640 *Demi-franc.* Buste à fraise, à dr. Hoff. 60. B. Saint-Lô.

641 *Demi-franc.* LVDOVICVS.XIII.D.G.FRAN ET NAVA.REX. Buste

lauré, à dr., avec col rabattu. R⁄. SIT NOMEN etc. Croix feuillue et fleurdelisée ; L au centre. Type du quart de franc d'Hoff. 64. T.B.

642 *Essai du demi-franc.* LVDOVICVS.XIII.D.G.FRANCOR.ET.NAVAR.REX. Buste lauré avec fraise, cuirasse et draperies ; dessous, A. R⁄. SIT NOMEN DOMINI BENEDICTVM.1621. Croix feuillue et fleurdelisée, L au cœur. H. 67. T.B.

643 *Louis d'argent de 60 sols.* Premier poinçon de Warin. Buste lauré et drapé, le col nu. 1642. Hoff. 82. T.B.

644 *Louis d'argent* de 15 sols. Même type. Hoff. 97. T.B.

645 *Louis d'argent* de 60 sols. Second poinçon de Warin. Buste lauré, drapé et cuirassé. 1643. Hoff. 91. B.

646 *Louis d'argent* de 30 sols. Même type. Hoff. 94. F.D.C.

647 *Doubles tournois. — Deniers tournois.* Variés. 13 p.

Louis XIV (1643-1715).

648 *Demi-louis d'or à la mèche courte* fr. à Paris, 1643. Hoff. 8. T.B.

649 *Louis d'or à la mèche longue* fr. à Bourges, 1654. Hoff. 12. F.D.C.

650 *Lis d'or.* LVDOVICVS XIIII D.G.FRAN.ET.NAV.REX. Croix formée de quatre lis couronnés et cantonnée de quatre autres lis ; A au centre. R⁄. DOMINE ELEGISTI.LILIVM.TIBI. Deux anges soutenant l'écu de France ; dessous, 1656. Hoff. 20. Très belle pièce. *Voir la planche, n° 17.*

651 *Louis d'or au buste juvénile.* La tête laurée. Fr. à Lyon, 1661. Hoff. 22. T.B.

652 *Louis d'or au buste juvénile.* La tête nue. Fr. à Paris, 1679. Hoff. 24. F.D.C.

653 *Louis d'or.* Tête vieillie, à dr. R⁄. Quatre lis couronnés disposés en croix et cantonnés de quatre L ; D au centre. H. 33. T.B. Fr. à Lyon.

654 *Double louis d'or.* Tête vieillie, à dr. ; dessous, 1701. R⁄. Croix formée de huit L couronnés et brochant sur le sceptre et la main de justice en sautoir ; A au centre. Hoff. 35. T.B. Paris.

655 *Louis d'or.* Même type. Hoff. 36. T.B. Fr. à Lyon.

656 *Quart d'écu* fr. à Saint-Lô. Hoff. 44. T.B.

657 *Écu blanc à la mèche courte* fr. à Paris, 1644. Hoff. 56. T.B.

658 *Quart d'écu à la mèche courte* fr. à Paris. Hoff. 61. T.B.

659 *Douzième d'écu à la mèche courte* fr. à Paris. Hoff. 63. T.B.

660 *Demi-écu à la mèche longue.* Hoff. 76. Fr. à Rouen.

661 *Écu de France-Navarre.* 1658. Hoff. 79. T.B.

662 *Lis d'argent.* LVD XIIII.D.G.FR ET NAV REX. Buste juvénile lauré et cuirassé, à dr. R⸮. DOMINE.ELEGISTI.LILIVM TIBI 1656. Croix formée de huit l. adossées et couronnées et cantonnée de quatre lis; A au centre. Hoff. 92. F.D.C.

663 *Demi-écu blanc* fr. à Bordeaux. Hoff. 103.

664 *Quatre sols.* Deux p. Paris et Lyon. Hoff. 106. — *Deux sols.* Hoff. 107. Paris. Ens. 3 p. B.

665 *Écu blanc de France-Navarre-Béarn.* 1665. Hoff. 109. T.B.

666 *Écu blanc du parlement.* Hoff. 113. B.

667 *Demi-écu blanc du parlement.* Hoff. 114. T.B.

668 *Écu carambole* fr. à Lille. Hoff. 120. B.

669 *Demi-écu carambole.* Hoff. 129. B.

670 *Seizième d'écu carambole.* Hoff. 132.

671 *Écu aux huit* L. Hoff. 133. T.B.

672 *Demi-écu aux huit* L. Hoff. 134. T.B.

673 *Écu aux palmes.* Hoff. 140. T.B.

674 *Quart de l'écu aux palmes.* Hoff. 142. T.B. — *Douzième d'écu.* Hoff. 143.

675 *Écu carambole aux palmes.* Écusson rond couronné aux armes de France-Navarre-Bourgogne entre deux palmes. Hoff. 148. Fr. à Lille.

676 *Demi-écu carambole aux palmes.* Même type. Hoff. 149. B.

677 *Écu aux insignes.* Écu rond brochant sur le sceptre et la main de justice. Hoff. 153. T.B.

678 *Demi-écu aux insignes.* Même type. Hoff. 154. T.B.

678 bis. *Pièce de dix sols tournois.* R⸮. Trois lis entourés de quatre couronnes. Hoff. 169. T.B.

679 *Vingt sols.* R⸮. Main de justice et sceptre en sautoir, cantonnés d'une couronne et de trois lis. Hoff. 171. T.B.

680 *Dix sols.* Même type. Hoff. 172. T.B. — *Cinq sols.* Même type. Hoff. 173. T.B. Ens. 2 p.

681 *Écu aux huit* L. Huit l. adossées, couronnées, disposées en croix et cantonnées de quatre lis; au centre, trois fleurs de lis dans un cercle. Hoff. 174. Fr. à Nantes. T.B.

682 *Huitième de l'écu au huit* L. Hoff. 177. Saint-Lô.

683 *Écu aux trois couronnes.* Hoff. 187. T.B.

684 *Demi-écu aux trois couronnes.* Hoff. 189.

685 *Quart de l'écu aux trois couronnes.* Hoff. 190. T.B. Fr. à Lyon.

686 *Dixième et vingtième de l'écu aux trois couronnes.* Hoff. 191 et 192. 2 p.

687 *Liard.* LVD XIIII D.G. Croix de Malte. R⳨. FR.E.N.REX. 1655. Écu couronné. Hoff. 205. T.B.

688 *Sol de Navarre-Béarn.* Hoff. 219. — *Sol de quinze deniers tournois.* Hoff. 225. — *Deniers tournois.* Hoff. 227. 2 p. Ens. 4 p.

689 *Double tournois.* LOUIS XIIII. Buste, à dr.; dessous, 1644. R⳨. DOVBLE TOVRNOIS. Grand lis couronné; dessous, A. Cuiv. Hoff. 229. B.

690 *Liard.* Hoff. 247. — *Quatre deniers.* Hoff. 245. — *Deux deniers.* Hoff. 246. 3 p.

691 **Perpignan.** *Double sol.* Hoff. 256. B.

692 **Barcelone.** *Seizain.* Hoff. 265. — **Vich.** *Demi-seizain.* L'écu du revers non entouré de cercle. Var. d'Hoff. 270. Ens. 2 p. B.

693 **Modène.** *Pièce de 10 soldi.* LUD XIV.D.G.FR E.N.REX. Buste, à dr. R⳨. MVTINAE.ANNO.M.DCCM.IV. Écu de Modène dans un cartouche; au dessus, banderole avec AVIA PERVIA. Bill. Hoff. 272. B.

694 **Strasbourg.** *Demi-écu.* SIT NOMEN etc. Écu rond couronné entre deux branches de lauriers. R⳨. MONETA NOVA ARGEN-TINENSIS. Grand lis florencé. Hoff. 281. T.B.

695 *Trente-trois sols.* Même avers. R⳨. Même légende. Main de justice et glaive en sautoir. Dans les angles une couronne et 3 lis. Hoff. 286. T.B.

Louis XV (1715-1774).

696 *Double louis d'or aux insignes.* LVD.XV.D.G.FR ET NAV REX. 1716. Buste enfantin nu, à dr. R⳨. CHRS.REGN.VINC.IMP. Écu ovale couronné, brochant sur le sceptre et la main de justice. Hoff. 3. T.B.

697 *Louis d'or aux insignes.* Mêmes types et légendes. Hoff. 4. T.B.

698 *Double louis de Noailles.* LVD.XV.D.G.FR.ET.NAV.REX. Tête couronnée, à g.: dessous, 1717. R⳨. CHRS.REGN.VINC. IMP. Quatre écus couronnés, le 1er et le 2e de France, et le 2e et le 4e de Navarre, disposés en croix et cantonnés de quatre lis. Hoff. 6. T.B.

699 *Demi-louis de Noailles*. Mêmes type et légende. Hoff. 8. Charmante pièce à fleur de coin. *Voir la planche, n° 18.*

700 *Louis d'or à la croix de Malte*. LVD XV.D.G.FR.ET NAV REX. R⃫. CHRISTVS.REGNAT.VINCIT.IMPERAT. Croix de Malte avec trois fleurs de lis au centre. Hoff. 11. T.B.

701 *Louis d'or aux deux L couronnées*. LVD XV.D.G.FR ET NAV. REX. Sa tête jeune, laurée. R⃫. CHRISTVS REGNAT VINCIT IMPERAT. Deux L adossées sous une couronne entre trois fleurs de lis. Hoff. 11. T.B.

702 *Louis d'or dit Mirliton*. LVD XV D.G.FR.ET NAV.REX. Buste lauré, à dr. R⃫. CHRS.REGN.VINC.IMP. Deux L cursives, enlacées, couronnées et entourées de palmes. Hoff. 14. T.B.

703 *Double louis d'or à la tête vieille*. LVD XV.D.G.FR ET NAV.REX. Son buste vieilli, lauré, à g. R⃫. CHRS.REGN.VINC.IMP. Les écus de France et de Navarre couronnés; dessous, I. Hoff. 21. F.D.C. Fr. à Limoges.

704 *Louis d'or à la tête vieille*. Mêmes type et légende. Hoff. 22. F.D.C.

705 *Écu dit Vertugadin*. Buste enfantin drapé. R⃫. SIT NOMEN, etc. Écu rond couronné. Hoff. 27. T.B.

706 *Demi-écu Vertugadin*. Mêmes types et légendes. Hoff. 28. T.B.

707 *Quart de l'écu Vertugadin* fr. à Tours. Hoff. 29. B.

708 *Dixième d'écu Vertugadin* fr. à Amiens. Hoff. 30. T.B.

709 *Petit louis d'argent* fr. à Paris. Hoff. 33. T.B.

710 *Écu de Navarre*. R⃫. Écu couronné et écartelé de France-Navarre. Hoff. 34. T.B. Paris.

711 *Écu de France*. Écu de France couronné. Hoff. 40. B. Lille.

712 *Tiers d'écu de France*. Hoff. 42. T.B.

713 *Sixième d'écu de France*. Hoff. 43.

714 *Écu aux huit L*. R⃫. Croix formée de quatre lis couronnés, cantonnée de quatre doubles L. Hoff. 45. T.B.

715 *Demi-écu aux lauriers* fr. à Tours. Hoff. 51. T.B.

716 *Dixième d'écu aux lauriers*. Hoff. 53.

717 *Essai de l'écu au bandeau*. LVD XV.D.G.FR RT NAV.REX. Sa tête ceinte d'un bandeau. R⃫. SIT.NOMEN, etc. Écu ovale couronné entre deux branches de lauriers. 1740. Fr. à Paris. Hoff. 55. F.D.C.

718 *Demi-écu au bandeau*. Hoff. 58. T.B.

719 *Vingt-quatre sols, douze sols et six sols.* Mêmes types. Hoff. 59, 60 et 61. 3 p. B. et T.B.

720 *Écu à la tête vieille.* Hoff. 62. T.B.

721 *Vingt-quatre sols.* Même type. Hoff. 65. B.

722 *Double sol* et *sol* de billon. Hoff. 68 et 70. 2 p. — *Double sol, sol* et *demi-sol* de cuivre. Hoff. 71, 72 et 73, 3 p. Ensemble 5 p. B.

723 *Sol, demi-sol,* à l'écu allongé. Hoff. 74 et 75. 2 p. — *Sol* et *demi-sol.* Hoff. 77 et 78. 2 p. Ensemble 4 p.

724 *Sol de douze deniers* pour les colonies. Hoff. 82 et 83. 2 p.

725 *Livre d'argent* de la Compagnie des Indes. Hoff. 84. T.B.

726 *Douze sols* des Iles du Vent fr. à La Rochelle. Hoff. 85. F.D.C.

727 **Pondichéry.** *Quatre royalins.* Arg. Hoff. 92. — *Fanam* de cuivre. Hoff. 97. — *Grand fanam*, cuivre. Hoff. 101. — *Grand demi-fanam.* Hoff. 102. Ensemble 4 p. B.

Louis XVI (1774-1793).

728 *Louis d'or aux palmes.* LVD.XVI.D.G.FR.ET.NAV.REX. Buste, à g., avec habit, plaque et cordon du Saint-Esprit. R⫫. CHRS.REGN.VINC.IMPER. Écu de France brochant sur le sceptre et la main de justice, et entouré de palmes. Hoff. 1. F.D.C.

729 *Louis d'or dit à la corne.* LVD XVI DG FR ET NAV REX Buste nu, à g. avec *deux* cornes sur le front. Hoff. 8. T.B. Fr. à Strasbourg.

730 *Essai de l'ecu de six livres aux palmes.* LVD.XVI.D.G.FR.ET NAV.REX Buste, à g., avec habit, plaque et cordon du Saint-Esprit. R⫫. SIT NOMEN, etc. Écu couronné entre deux palmes ; derrière, le sceptre et la main de justice en sautoir. Plomb. Hoff. 10. T.B.

731 *Écu de six livres* fr. à Paris. Hoff. 11. B.

732 *Petit écu.* Même type. Hoff. 13. T.B.

733 *Vingt-quatre sols* fr. à Orléans. Hoff. 14. — *Douze sols* fr. à Paris. Hoff. 15. T.B. — *Six sols.* Hoff. 16. Ensemble 3 p. T.B.

734 *Sol* et *liard* de cuivre. Hoff. 17 et 19. T.B. 3 p.

735 **Monnaies Constitutionnelles.** *Écu de six livres.* 1792. Hoff. 60. T.B.

736 *Petit écu.* 1792. Hoff. 62. T.B.

737 *Trente sols.* 1792. Hoff. 63. — *Quinze sols.* Hoff. 65. Arg.
2 p. T.B.

738 *Deux sols* de 1791. Bronze. Hoff. 70. Fr. à Strasbourg. —
Douze deniers et six deniers. Br. Hoff. 72 et 73. Ensemble
3 p.

République.

739 *Louis d'or de 24 livres.* 24 LIVRES dans une couronne de
chêne; dessous, A. REPUBLIQUE FRANÇAISE. L'AN II. R⳽.
REGNE DE LA LOI. 1793. Génie debout écrivant sur une
table le mot CONSTITUTION; faisceaux et coq dans le champ.
T.B.

740 *Écu de six livres.* B.

741 *Essai du dizain.* Métal de cloche. 1791. T.B.

742 *Sol* et *double sol* aux balances. — *Deux décimes* de l'an 4.
3 p.

743 *Cinq sols* et *deux sols* du siège de Mayence. — *Vingt sols* de
Lefevre, Lesage et Cⁱᵉ. Ensemble 3 p. B.

744 *Cinq décimes* de Robespierre. L'an II. — *Monneron* de deux
sols et demi. — *Monneron* de cinq sols. Ensemble 3 p.
T.B.

745 *République subalpine.* L'ITALIE DÉLIVRÉE A MARENGO. Buste
casqué et lauré de la République. Pièce de 20 francs de
l'an 9. T.B.

746 Même type. Pièce de 20 francs de l'an 10. T.B.

747 Lot de pièces non cataloguées.

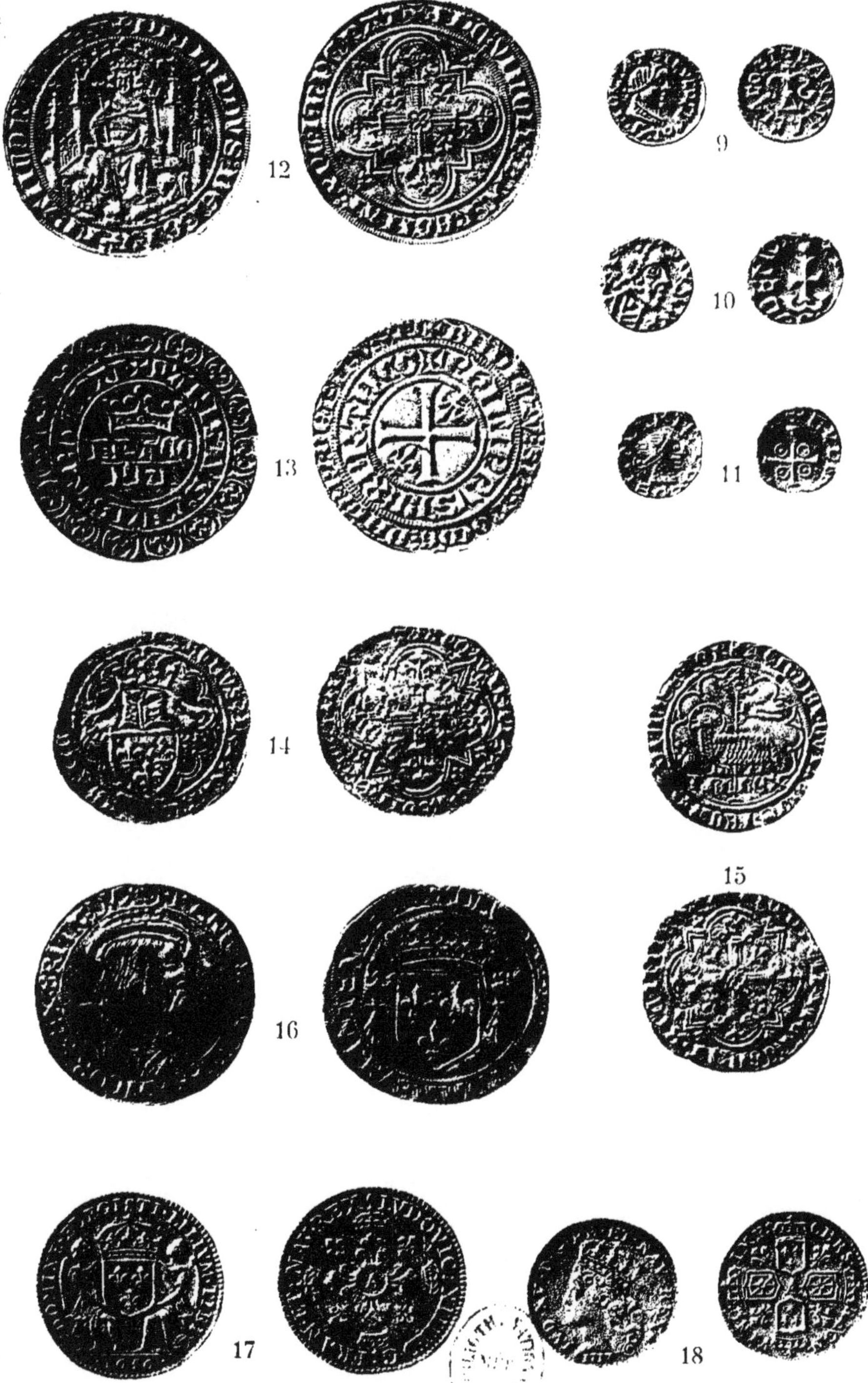

9
10
11
12
13
14
15
16
17
18